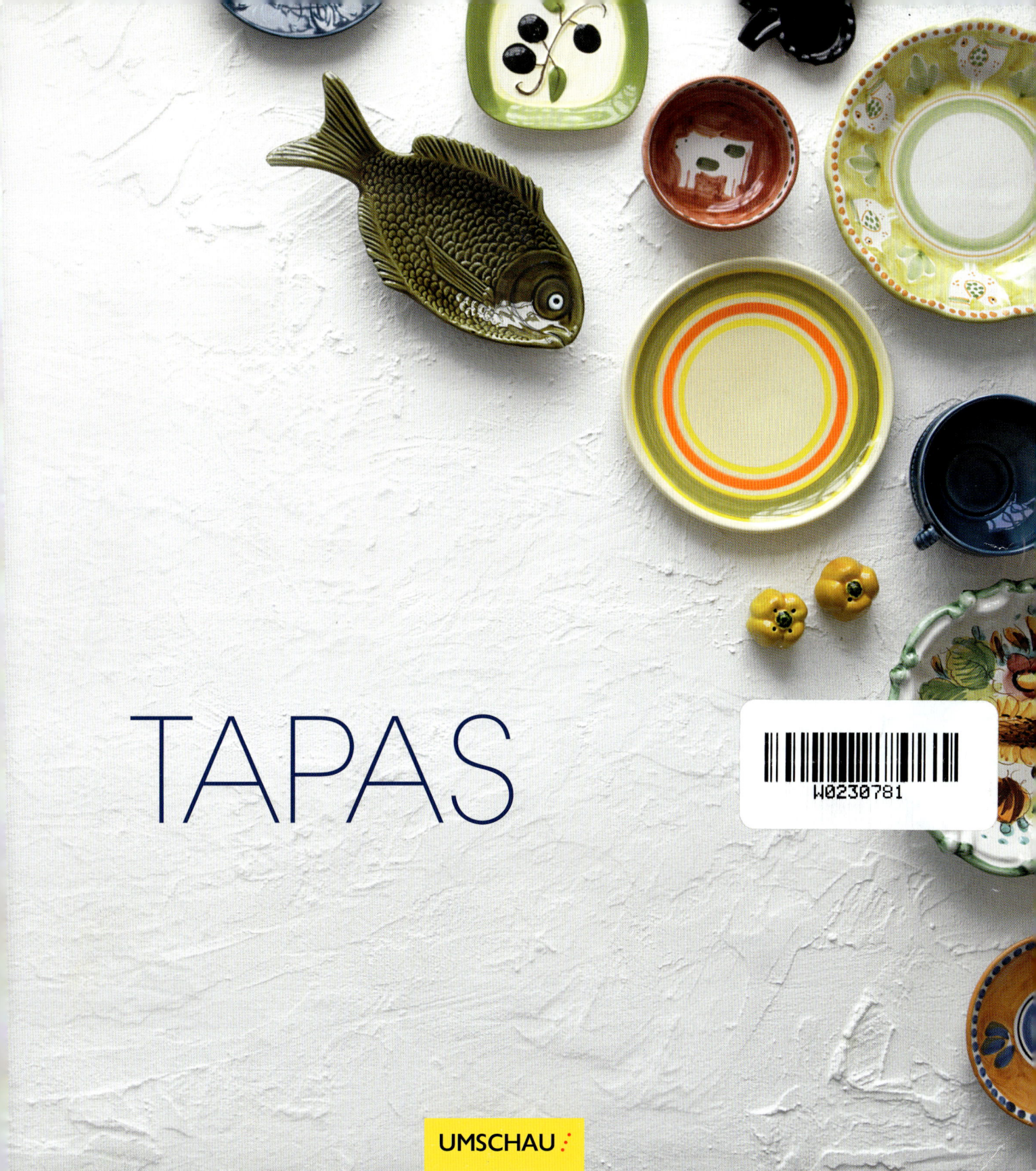

TAPAS

UMSCHAU

Inhalt

Tapas

Garnelen mit Knoblauch und Paprika

6 Portionen
Zubereitungszeit 30 Minuten

1 rote Paprika
2 Knoblauchzehen
12 große küchenfertige Garnelen
  mit Schwanz (ca. 500 g)
1 TL geräuchertes Paprikapulver
80 ml Olivenöl
Meersalz, frisch gemahlener schwarzer Pfeffer

Die Paprika entkernen und in mundgerechte Stücke schneiden, den Knoblauch mit einer Gabel zerdrücken.

In einer Schüssel Paprika, Knoblauch, Garnelen, Paprikapulver und Öl gut vermengen, mit Salz und Pfeffer abschmecken.

Eine große Pfanne erhitzen und zunächst die Paprika darin bräunen. Dann die Garnelen dazugeben und erhitzen, bis sie ihre Farbe geändert haben und gar sind.

Garnelen und Paprika sofort zusammen servieren.

Tomaten-Parmesan-Dip

6 Portionen
Zubereitungszeit 35 Minuten

250 g Cherrytomaten
2 TL Olivenöl
40 g Parmesan
120 g Sour cream
2 EL fein gehackter Basilikum
½ TL Chiliflocken
12 Scheiben Sauerteigbrot
2 Knoblauchzehen
Meersalz, frisch gemahlener schwarzer Pfeffer

Den Ofen auf 220 °C vorheizen. Die Tomaten auf ein mit Backpapier ausgelegtes Backblech geben, mit Olivenöl beträufeln und im Ofen etwa 15 Minuten backen (die Schale sollte sich lösen). Anschließend 10 Minuten abkühlen lassen. Den Parmesan reiben.

Tomaten, Sour cream, geriebenen Parmesan, Basilikum und Chili miteinander vermischen, mit wenig Salz und Pfeffer abschmecken. Das Brot toasten oder von beiden Seiten in einer Pfanne anrösten. Den Knoblauch halbieren und die Brotscheiben mit der Schnittfläche des Knoblauchs gut einreiben. Das Knoblauchbrot mit dem Tomaten-Parmesan-Dip servieren.

Garnelen mit Tomatensauce

6 Personen
Zubereitungszeit 25 Minuten

4 Knoblauchzehen
4 mittelgroße Strauchtomaten (ca. 400 g)
2 EL Olivenöl
12 große küchenfertige Garnelen
mit Schwanz (ca. 500 g)
2 TL Rotweinessig
1 EL grob gehackte glatte Petersilie
Meersalz, frisch gemahlener schwarzer Pfeffer

Brot zum Servieren

Den Knoblauch in dünne Scheiben schneiden. Die Tomaten grob hacken.

Das Öl in einer großen Pfanne erhitzen, den Knoblauch darin leicht bräunen. Die Tomaten dazugeben und unter gelegentlichem Rühren 5 Minuten köcheln lassen.

Garnelen und Rotweinessig zu den Tomaten geben und die Garnelen darin garen. Die Petersilie unterrühren, mit Salz und Pfeffer abschmecken und mit Brot servieren.

Stockfischbällchen mit Oliven

40 Bällchen
Zubereitungszeit 1 Stunde 30 Minuten
zzgl. Zeit zum Kaltstellen

650 g Stockfisch
3 mittelgroße Kartoffeln
1 Zwiebel
2 Knoblauchzehen
1 EL Olivenöl
½ Bd. glatte Petersilie
60 g grüne Oliven
1 Ei
frisch gemahlener schwarzer Pfeffer

Pflanzenöl zum Frittieren

Den Fisch unter kaltem Wasser abspülen, in eine Schüssel geben, mit kaltem Wasser bedecken und über Nacht abgedeckt im Kühlschrank ziehen lassen. Wenn möglich das Wasser 3–4-mal wechseln. Anschließend das Wasser abgießen und den Fisch in einen großen Topf geben. Mit frischem kalten Wasser bedecken, aufkochen und bei geringer Hitzezufuhr 5 Minuten köcheln lassen. Den Fisch herausnehmen und die Haut abziehen.

Die Kartoffeln schälen, halbieren und in reichlich Wasser gar kochen. Abgießen und in einer Schüssel zu Püree zerstampfen. Den Fisch in feine Stücke zerpflücken und zum Püree geben.

Die Zwiebel und den Knoblauch fein hacken. Das Olivenöl in einer Pfanne erhitzen und Zwiebel und Knoblauch darin glasig dünsten. Die glatte Petersilie und die grünen Oliven fein hacken und mit den Zwiebeln, dem Knoblauch und dem Ei zum Kartoffelpüree geben. Alles gut miteinander vermengen und mit Pfeffer abschmecken.

Mit einem Esslöffel 40 Portionen aus der Masse abstechen und mit feuchten Händen zu kleinen Bällchen rollen. Einen großen Teller oder ein Backblech mit Backpapier auslegen, die fertig gerollten Bällchen daraufgeben und im Kühlschrank 30 Minuten kalt stellen.

Das Pflanzenöl in einer tiefen Pfanne erhitzen, die Bällchen portionsweise darin goldbraun frittieren und auf Küchenpapier abtropfen lassen.

Überbackene Muscheln mit Schinken

4 Portionen
Zubereitungszeit 30 Minuten

20 Miesmuscheln (ca. 500 g)
50 g Serrano- oder Parmaschinken
2 Frühlingszwiebeln
1 Knoblauchzehe
80 g weiche Butter
Meersalz, frisch gemahlener schwarzer Pfeffer

Miesmuscheln mit einer Bürste unter fließendem Wasser sorgfältig bürsten, geöffnete Muscheln aussortieren. Wasser in einem großen Topf aufkochen, die Muscheln dazugeben und zugedeckt bei starker Hitze einige Minuten kochen, bis die Muscheln sich geöffnet haben. Das Wasser abgießen, nicht geöffnete Muscheln bitte entfernen.

Die Muscheln komplett öffnen, eine Schalenhälfte entfernen, die Hälften mit dem Muschelfleisch nebeneinander auf ein mit Backpapier ausgelegtes Backblech geben. Den Grill vorheizen.

Schinken, Frühlingszwiebeln und Knoblauch fein hacken, mit der weichen Butter gut vermischen und mit Salz und Pfeffer abschmecken. Die Buttermischung über den Muscheln verteilen und unter dem Grill in 3–5 Minuten schön bräunen.

Oliven

Wermutoliven

8 Portionen
Zubereitungszeit 15 Minuten
  zzgl. Zeit zum Kaltstellen

Etwa 200 Gramm grüne, mit Anchovis gefüllte Oliven mit 1 Esslöffel fein gehacktem Rosmarin, 4 Lorbeerblättern, 1 Esslöffel trockenem Wermut, 1 Esslöffel Gin und 100 Millilitern Olivenöl gut vermengen. Abgedeckt über Nacht im Kühlschrank ziehen lassen.

Mit frischem Brot servieren.

Oliven mit Fenchel, Minze und Orangen

8 Portionen
Zubereitungszeit 15 Minuten
  zzgl. Zeit zum Kaltstellen

Etwa 200 Gramm aromatische schwarze Oliven, 1 in feine Streifen geschnittene Fenchelknolle, 1 Handvoll frischer Minzblätter, 2 Esslöffel fein geriebene Orangenschale, 1 Teelöffel schwarze Pfefferkörner und 200 Milliliter Olivenöl gut miteinander vermischen. Abgedeckt über Nacht im Kühlschrank ziehen lassen.

Scharfe Oliven

8 Portionen
Zubereitungszeit 15 Minuten
  zzgl. Zeit zum Kaltstellen

Etwa 200 Gramm schwarze Oliven,
1 Esslöffel fein geriebene Zitronenschale, 2 halbierte frische Thai-Chili-
schoten, 2 Knoblauchzehen, 50 Milliliter Rotweinessig und 150 Milliliter
Olivenöl gut vermischen. Abgedeckt
über Nacht bis hin zu 1 Woche im
Kühlschrank ziehen lassen.

Oliven mit Safran und Käse

8 Portionen
Zubereitungszeit 15 Minuten
  zzgl. Zeit zum Kaltstellen

Etwa 200 Gramm grüne Oliven mit
Paprikafüllung, 2 Knoblauchzehen in
feinen Scheiben, 200 Gramm schnitt-
fester Käse aus Schafsmilch (zum
Beispiel Manchego) in mundgerechte
Stücke geschnitten, ½ Teelöffel Safran und 200 Milliliter Olivenöl gut
miteinander vermischen. Abgedeckt
über Nacht im Kühlschrank ziehen
lassen.

Oliven mit Kapernbeeren
und Sherryessig

8 Portionen
Zubereitungszeit 15 Minuten
  zzgl. Zeit zum Kaltstellen

Etwa 200 Gramm grüne Oliven,
100 Gramm abgetropfte Kapernbee-
ren, 5 Zitronenthymianzweige (Blätt-
chen von den Zweigen zupfen),
50 Milliliter Sherryessig und 80 Milliliter Olivenöl gut miteinander vermischen. Abgedeckt über Nacht bis hin
zu 1 Woche im Kühlschrank ziehen
lassen.

Jakobsmuscheln mit Anchovisbutter

4 Portionen
Zubereitungszeit 15 Minuten

2 TL Olivenöl
12 küchenfertige Jakobsmuscheln (ca. 300 g)
30 g Butter
3 Anchovisfilets
2 Knoblauchzehen
1 TL Zitronensaft
1 EL fein gehackter Schnittlauch
frisch gemahlener schwarzer Pfeffer

Öl in einer großen Pfanne erhitzen und die Jakobsmuscheln darin von beiden Seiten goldbraun braten.
Aus der Pfanne nehmen, abdecken und warm halten.

Butter in die Pfanne geben, bei mittlerer Hitze zerlassen,
Anchovis dazugeben und zerfallen lassen. In der Zwischenzeit den Knoblauch fein hacken, zu den Anchovis
geben und 1 Minute ziehen lassen.

Die Jakobsmuscheln zurück in die Pfanne legen, Zitronensaft dazugeben, gut erwärmen und mit der Anchovis-
butter auf kleinen Tellern anrichten. Mit dem Schnittlauch
und etwas frisch gemahlenem Pfeffer servieren.

Kalmar mit Spinat und Brandy

4 Portionen
Zubereitungszeit 10 Minuten

300 g küchenfertige Kalmare, ohne Kopf
und Tentakeln
2 Knoblauchzehen
1 Prise Safran
1 EL Olivenöl
2 EL Brandy
100 g Baby-Spinat
Meersalz, frisch gemahlener schwarzer Pfeffer

Kalmar in schmale Ringe schneiden, Knoblauch mit einer Gabel zerdrücken und in einer Schüssel miteinander vermengen. Safran mit 2 Teelöffeln Wasser in ein kleines Schälchen geben.

Öl in einer großen Pfanne erhitzen, die Kalmarringe darin leicht bräunen, aus der Pfanne nehmen und beiseitestellen. Brandy angießen und fast vollständig verdampfen lassen. Spinat und Safran dazugeben, den Spinat leicht zusammenfallen lassen. Dann die Kalmarringe dazugeben, kurz erhitzen, mit Salz und Pfeffer abschmecken und sofort servieren.

Empanadas mit Hühnchen-Rosinen-Füllung

20 Empanadas
Zubereitungszeit 2 Stunden zzgl. Zeit zum Kaltstellen

200 g Hähnchenbrustfilets
1 kleine Zwiebel
2 Knoblauchzehen
1 EL Olivenöl
200 g stückige Tomaten aus der Dose
1 Lorbeerblatt
¼ TL Chiliflocken
2 EL Rosinen
2 EL Pinienkerne
½ TL Zimtpulver
2 EL fein gehackte glatte Petersilie
1 Ei
150 g kalte Butter
250 g Mehl
1 Ei
Meersalz, frisch gemahlener schwarzer Pfeffer

In einem großen Topf 1 Liter Wasser zum Kochen bringen, die Hähnchenbrust hineingeben, erneut aufkochen, dann die Hitze reduzieren und das Fleisch in etwa 10 Minuten garen. Den Topf vom Herd nehmen, die Hähnchenbrust zunächst in der Flüssigkeit 10 Minuten abkühlen lassen, dann herausnehmen und in feine Stückchen schneiden.

Zwiebel und Knoblauch fein hacken, das Öl in einer Pfanne erhitzen und Zwiebel und Knoblauch darin weich dünsten. Die stückigen Tomaten, das Lorbeerblatt und die Chiliflocken dazugeben und etwa 5 Minuten köcheln lassen. Die Hähnchenstücke, die Rosinen, die Pinienkerne und den Zimt in die Pfanne geben, noch mal aufkochen, vom Herd nehmen, die Petersilie unterrühren und mit Salz und Pfeffer abschmecken. Das Ei verquirlen und beiseitestellen.

Butter und Mehl zu einem krümeligen Teig verarbeiten. Das Ei und 1 Esslöffel Wasser dazugeben, gut verkneten, bis ein geschmeidiger Teig entsteht, gegebenenfalls etwas Mehl oder Wasser dazugeben. Den Teig halbieren, in Frischhaltefolie einschlagen und im Kühlschrank 30 Minuten ruhen lassen.

Den Backofen auf 220 °C vorheizen. Eine Teighälfte zwischen zwei Backpapierstücken 2 Millimeter dünn ausrollen, dann runde Teigstücke von 10 Zentimeter Durchmesser ausstechen.

Je 1 Esslöffel der Füllung jeweils in der Mitte der Teigstücke platzieren, den Teig zu Halbkreisen über die Füllung klappen und die Ränder mit einer Gabel fest verschließen. Mit der zweiten Teighälfte und der restlichen Füllung ebenso verfahren.

Die Empanadas auf ein mit Backpapier ausgelegtes Backblech geben, mit dem verquirlten Ei einpinseln und in 20 Minuten goldbraun backen.

Kartoffel-Garnelen-Tortilla

10 Portionen
Zubereitungszeit 45 Minuten

2 mittelgroße Kartoffeln
1 mittelgroße Zwiebel
30 g Butter
2 TL Olivenöl
12 küchenfertige Garnelen (ca. 540 g)
6 Eier
2 EL Sour cream
2 EL fein gehackter Dill
Meersalz, frisch gemahlener schwarzer Pfeffer

Den Backofen auf 200 °C vorheizen. Die Kartoffeln schälen und fein würfeln, die Zwiebel ebenfalls fein würfeln. Butter in einer ofenfesten Pfanne zerlassen, das Öl dazugeben und erhitzen. Die Kartoffeln darin 5 Minuten anschwitzen, die Zwiebeln dazugeben und bei geringer Hitze fertig garen.

Die Garnelen zu den Kartoffeln in die Pfanne geben und erhitzen, bis sie ihre Farbe geändert haben und gar sind. Die Eier in einer Schüssel mit der Sour cream und dem Dill gut verrühren, mit Salz und Pfeffer würzen. Die Eimischung in die Pfanne geben und 10 Minuten bei geringer Hitze stocken lassen. Dann in den Ofen geben und in 15 Minuten leicht bräunen. Aus dem Ofen nehmen, etwas abkühlen lassen, noch warm in Stücke schneiden und servieren.

Mit Sherry glasierte Hühnerleber

12 Portionen
Zubereitungszeit 30 Minuten

500 g küchenfertige Hühnerleber
2 Schalotten
1 EL Olivenöl
20 g Butter
80 ml trockener Sherry
125 ml Hühnerbrühe
2 Baguettebrötchen
30 g Brunnenkresse
1 TL Sherryessig
Meersalz, frisch gemahlener schwarzer Pfeffer

Die Leber in feine Streifen schneiden, die Schalotten fein würfeln. Das Olivenöl in einer Pfanne erhitzen, die Leber darin gerade gar braten, aus der Pfanne nehmen und beiseitestellen. Die Butter und die Schalotten in die Pfanne geben und bei geringer Hitze weich dünsten. Den Sherry dazugeben und auf die Hälfte reduzieren lassen. Die Brühe angießen und köcheln lassen, bis die Flüssigkeit leicht eingedickt ist. Die Leber zurück in die Pfanne geben und im Sherrysud erhitzen. Mit Salz und Pfeffer abschmecken.

Die Baguettebrötchen jeweils in 6 Scheiben schneiden, von beiden Seiten leicht anrösten. Die Lebermischung auf den Scheiben anrichten, mit Brunnenkresse garnieren, etwas Essig darüberträufeln, mit Pfeffer würzen und servieren.

Chorizo-Hühnchen-Spieße

12 Portionen
Zubereitungszeit 30 Minuten zzgl. Zeit zum Kaltstellen

400 g Hähnchenbrustfilets
340 g Chorizo
1 gelbe Paprika
2 Knoblauchzehen
12 Lorbeerblätter
1 EL fein gehackte Zitronenschale
1 EL Zitronensaft
60 ml Olivenöl
1 TL Chiliflocken
1 Handvoll fein gehackte Petersilie
Meersalz, frisch gemahlener schwarzer Pfeffer

12 Holzspieße

Hähnchenbrust, Chorizo und Paprika in 2 Zentimeter große Stücke schneiden. Knoblauch fein hacken. Alle Zutaten in einer großen Schüssel miteinander vermengen, mit Salz und Pfeffer würzen und 30 Minuten im Kühlschrank ziehen lassen. Die Holzspieße währenddessen in kaltes Wasser einlegen. Chorizo, Hähnchenstücke, Lorbeerblätter und Paprika abwechselnd daraufspießen. Auf einer geölten Grillplatte, in der Pfanne oder draußen auf dem Holzkohlegrill von allen Seiten schön bräunen.

Spareribs vom Schwein mit Fenchel und Knoblauch

6 Portionen
Zubereitungszeit 1 Stunde zzgl. Zeit zum Kaltstellen

4 Knoblauchzehen
1 EL Fenchelsamen
90 g Tomatenmark
1 EL brauner Zucker
60 ml Sherryessig
2 TL geräuchertes Paprikapulver
60 ml Olivenöl
1 kg Spareribs vom Schwein
Meersalz, frisch gemahlener schwarzer Pfeffer

Zitronenspalten zum Servieren

Knoblauch mit einer Gabel zerdrücken und mit Fenchel-samen, Tomatenmark, Zucker, Essig, Paprikapulver und Olivenöl gut vermischen, mit Salz und Pfeffer würzen. Ein Viertel der Marinade beiseitestellen. Die Spareribs gege-benenfalls in Stücke zerteilen, in die restliche Marinade geben und gut damit bedecken. Für 1 Stunde kalt stellen.

Den Backofen auf 200 °C vorheizen. Die Spareribs auf ein Backrost verteilen und im Ofen direkt über einem Backblech platzieren, unbedeckt 30 Minuten backen. Dann die Ofentemperatur auf 220 °C erhöhen, die Spareribs mit der restlichen Marinade einpinseln und weitere 20 Minuten backen.

Die Spareribs zwischen den Knochen zerteilen und nach Geschmack mit einigen Zitronenspalten servieren.

Fleischbällchen mit Gazpacho-Salsa

40 Stück · Zubereitungszeit 50 Minuten

1 kleine Gartengurke
1 Tomate
1 grüne Paprika
½ rote Zwiebel
2 EL Olivenöl
1 EL Sherryessig
1 große Zwiebel
2 Knoblauchzehen
500 g Kalb- oder Rinderhackfleisch
120 g Manchego oder Parmesan
2 EL fein gehackter Oregano
70 g Semmelbrösel
1 Ei
2 EL Pflanzenöl
Meersalz, frisch gemahlener schwarzer Pfeffer

Gurke und Tomate entkernen und fein würfeln. Paprika und Zwiebel ebenfalls fein würfeln. Die Hälfte des Öls, Essig und die Gemüsewürfel in einer kleinen Schüssel miteinan-der vermengen, mit Salz und Pfeffer abschmecken.

Zwiebel fein hacken, Knoblauch mit einer Gabel zerdrücken und bei mittlerer Hitze im restlichen Öl weich dünsten. Etwas abkühlen lassen und mit dem Fleisch vermengen. Den Manchego fein reiben und mit Oregano, Semmel-bröseln und Ei ebenfalls zum Fleisch geben. Alles zu einer geschmeidigen Masse verarbeiten, mit Salz und Pfeffer abschmecken und 40 Fleischbällchen daraus fertigen. Das Pflanzenöl in einer Pfanne erhitzen und die Fleischbällchen portionsweise gar braten. Heiß mit Salsa servieren.

Spareribs vom Schwein mit Fenchel und Knoblauch

Fleischbällchen mit Gazpacho-Salsa

Häppchen

Tomaten-Schinken-Häppchen

16 Stück
Zubereitungszeit 40 Minuten

Öl in einer Pfanne erhitzen, 2 fein gehackte Schalotten darin weich dünsten. 250 Gramm Cherrytomaten halbieren, dazugeben und 5 Minuten anbraten. 60 Milliliter Balsamico und 1 Esslöffel braunen Zucker hineingeben, unter Rühren die Flüssigkeit eindicken lassen. 1 Brioche in Scheiben schneiden, daraus insgesamt 32 Kreise (Durchmesser 6 Zentimeter) ausstechen. Ofen auf 180 °C vorheizen. Die Briochekreise auf ein Backblech geben, die Hälfte mit 100 Gramm geriebenem Manchego bestreuen und im Ofen goldbraun rösten. Die Käsestücke mit 180 Gramm geräuchertem Schinken belegen, darauf die Tomaten setzen und mit den restlichen Briochescheiben abschließen. Sofort servieren.

Garnelensandwich mit Kapern

36 Stück
Zubereitungszeit 30 Minuten

In einer Schüssel 300 Gramm gekochte, geschälte und fein gehackte Garnelen, 60 Gramm abgetropfte und ebenfalls fein gehackte Kapern, 100 Gramm Mayonnaise, 1 Teelöffel edelsüßes Paprikapulver, 1 Handvoll fein gehackte glatte Petersilie und 1 fein gehackte Knoblauchzehe miteinander vermengen.
Die Masse auf 9 Scheiben Toastbrot verteilen, mit 9 weiteren Scheiben bedecken, die Kruste entfernen und jedes Sandwich in vier Dreiecke teilen.

Mini-Croissants mit Schinken und Spargel

10 Stück
Zubereitungszeit 15 Minuten

Etwa 200 Gramm fertig gekochten Spargel fein hacken und mit 1 fein gehackten roten Zwiebel, 2 Esslöffeln fein gehacktem Basilikum, 2 Teelöffeln Rotweinessig und 2 Esslöffeln Olivenöl in einer Schüssel miteinander vermengen. 10 Mini-Croissants längs halbieren und 200 Gramm Coppa (gepökelten und luftgetrockneten italienischen Schinken) auf den jeweils unteren Hälften verteilen. Die Spargelmischung darübergeben und die oberen Croissanthälften aufsetzen. Bei Zimmertemperatur servieren.

Kleine Brötchen mit Hühnchen-Estragon-Füllung

12 Stück
Zubereitungszeit 20 Minuten

In einer Schüssel 200 Gramm gekochte und fein gehackte Hähnchenbrustfilets mit 3 Esslöffeln fein gehacktem Estragon, 30 Gramm gehackten Mandeln, 1 fein gehackten Selleriestange und 100 Gramm Mayonnaise mischen. In 12 Mini-Brötchen einen tiefen Schnitt machen (aber nicht durchschneiden) und mit einem Löffel die Hähnchenmischung in die Brötchen geben.

Fladenbrot mit Blauschimmelkäse und Feigen

12 Stück
Zubereitungszeit 20 Minuten

Aus 40 Gramm Mandelsplittern, 2 grob gehackten Frühlingszwiebeln, 1 Bund grob gehackter Minze, 80 Millilitern Olivenöl und 1 Esslöffel Zitronensaft mit dem Pürierstab oder im Mixer eine feine Paste herstellen. 1 langes türkisches Fladenbrot in 12 rechteckige Stücke schneiden, diese längs halbieren und im auf 220 °C vorgeheizten Backofen leicht rösten. Die unteren Hälften mit der Mandelpaste bestreichen, 200 Gramm in Streifen geschnittene getrocknete Feigen darauf verteilen. Mit 100 Gramm dünn geschnittenem Blauschimmelkäse und der oberen Fladenbrothälfte belegen. Sofort servieren.

Artischocken-Spargel-Küchlein mit Olivenrelish

15 Stück
Zubereitungszeit 40 Minuten

60 g grüne Oliven
60 g schwarze Oliven
½ Bd. glatte Petersilie
1 EL fein gehackter Schnittlauch
1 EL Olivenöl
1 EL Zitronensaft
170 g grüner Spargel
280 g abgetropfte Artischocken aus dem Glas
40 g Parmesan
2 Eier
2 EL fein gehackte Minze
2 EL Mehl
Meersalz, frisch gemahlener schwarzer Pfeffer

Pflanzenöl zum Ausbacken

Die Oliven und die Petersilie fein hacken, mit dem Schnittlauch, dem Olivenöl und dem Zitronensaft gut verrühren und mit Salz und Pfeffer abschmecken.

Den Spargel schälen und sehr fein hacken. Die Artischocken ebenfalls fein hacken. Den Parmesan fein reiben. Spargel, Artischocken, Parmesan, Eier, Minze und Mehl gut miteinander verrühren. Mit Salz und Pfeffer würzen.

Öl in einer großen Pfanne erhitzen, mit einem Esslöffel die Mischung in die Pfanne setzen und von allen Seiten schön bräunen. Auf Küchenpapier etwas abtropfen lassen und heiß mit dem Relish servieren.

Auberginen mit Majoranvinaigrette

6 Portionen
Zubereitungszeit 50 Minuten

1 große Aubergine
180 ml Olivenöl
1 kleine rote Zwiebel
60 ml Sherryessig
2 TL Zucker
2 EL fein gehackter Majoran
Meersalz, frisch gemahlener schwarzer Pfeffer

Den Backofen auf 200 °C vorheizen. Die Aubergine in 5 Millimeter dünne Scheiben schneiden, beide Seiten mit Olivenöl einpinseln und nebeneinander auf ein mit Backpapier ausgelegtes Backblech legen. Im Ofen 25 Minuten backen, nach der Hälfte der Zeit die Scheiben einmal wenden. Die Scheiben sollten leicht gebräunt sein.

In der Zwischenzeit die Zwiebel in dünne Scheiben schneiden und mit Essig, Zucker, Majoran und dem restlichen Olivenöl zu einer Vinaigrette vermischen. Mit Salz und Pfeffer abschmecken. Die Aubergine auf eine Platte geben und mit der Vinaigrette beträufeln. Sofort oder etwas abgekühlt servieren, dazu schmeckt knuspriges Brot.

Mit Anchovis und Ziegenkäse überbackene Champignons

20 Stück
Zubereitungszeit 40 Minuten

20 große Champignons
120 g Semmelbrösel
120 g Ziegencamembert oder anderen
  Ziegenweichkäse
60 ml Olivenöl
4 Anchovisfilets
3 EL fein gehackter Schnittlauch
250 ml Hühnerbrühe
Meersalz, frisch gemahlener schwarzer Pfeffer

Den Backofen auf 200 °C vorheizen. Die Pilze putzen und die Stiele aus den Köpfen entfernen. Mit der Öffnung nach oben nebeneinander in einer Auflaufform platzieren.

Semmelbrösel, Ziegenkäse, Öl, Anchovis und Schnittlauch zu einer Masse verarbeiten, mit Salz und Pfeffer abschmecken. Die Pilze mit dieser Masse füllen. Die Hühnerbrühe in die Auflaufform geben und die Pilze im Ofen etwa 15 Minuten backen, die Pilzfüllung sollte leicht gebräunt sein.

Thymiankartoffeln mit Tomaten-Chili-Sauce

8 Portionen
Zubereitungszeit 45 Minuten

500 g kleine junge Kartoffeln
2 EL Olivenöl
1 EL fein gehackter Thymian
1 kleine Zwiebel
1 frische rote Chilischote
2 Knoblauchzehen
1 EL Olivenöl
400 g stückige Tomaten aus der Dose
2 TL Zucker
Meersalz

Den Backofen auf 220 °C vorheizen. Die Kartoffeln halbieren und mit dem Öl, etwas Salz und dem Thymian in einer großen Auflaufform miteinander vermischen. Im Ofen etwa 30 Minuten garen.

Die Zwiebel und die Chili fein hacken, den Knoblauch in sehr dünne Scheiben schneiden. Zwiebeln, Chili und Knoblauch im heißen Öl bei mittlerer Hitze einige Minuten weich dünsten. Tomatenstücke und Zucker dazugeben, gut verrühren und zum Kochen bringen. Die Hitze wieder reduzieren und in etwa 10 Minuten leicht eindicken lassen, mit Salz ab schmecken. Die Kartoffeln mit der Sauce servieren.

Rosmarinkartoffeln mit Porree und Chorizo

8 Portionen · Zubereitungszeit 45 Minuten

500 g kleine junge Kartoffeln
1 große Porreestange
340 g Chorizo
6 Knoblauchzehen
1 EL fein gehackter Rosmarin
2 TL edelsüßes Paprikapulver
5 Lorbeerblätter
60 ml Olivenöl
Meersalz, frisch gemahlener schwarzer Pfeffer

Den Backofen auf 200 °C vorheizen. Die Kartoffeln in dicke Scheiben, den Porree in feine Streifen schneiden. Die Chorizo in 1 Zentimeter dicke Scheiben schneiden. Kartoffeln, Porree und Chorizo mit den ganzen Knoblauchzehen, Rosmarin, Paprika, Lorbeerblättern und Olivenöl in einer großen Auflaufform gut vermischen, mit Salz und Pfeffer würzen. Im Ofen etwa 30 Minuten garen.

Geschmorte Artischocken mit Mandel-Kräuter-Bröseln

6 Portionen
Zubereitungszeit 1 Stunde 40 Minuten

Saft von 1 Zitrone
6 große Artischocken
4 Lorbeerblätter
4 Knoblauchzehen
1 Liter Hühnerbrühe
50 g Semmelbrösel
25 g Mandelblättchen
60 g grüne Oliven
60 ml Olivenöl
2 EL fein gehackte glatte Petersilie
1 EL fein gehackte Zitronenschale
2 EL Zitronensaft
Meersalz, frisch gemahlener schwarzer Pfeffer

Den Backofen auf 200 °C vorheizen. Eine große Schüssel mit reichlich Wasser und dem Zitronensaft füllen und fertig vorbereitete Artischocken sofort hineinlegen, so werden sie nicht braun. Die Stiele und die äußeren harten Blätter der Artischocke entfernen. Außerdem etwa 2 Zentimeter der Artischockenspitzen abschneiden. Dann die Artischocken längs halbieren und gegebenenfalls das Heu mit einem Teelöffel auskratzen.

Die fertigen Artischocken aus dem Wasser nehmen, gut trocken tupfen und mit den Lorbeerblättern, den ganzen Knoblauchzehen und der Brühe in einen ofenfesten Topf oder Bräter mit Deckel geben. Der Topf darf nicht zu groß sein, damit die Artischocken ganz mit Brühe bedeckt sind. Im Ofen 45 Minuten garen.

Semmelbrösel und Mandeln auf einem mit Backpapier ausgelegten Backblech vermischen und im Ofen etwa 5 Minuten goldbraun rösten. Herausnehmen und 5 Minuten abkühlen lassen. Die Oliven fein hacken und mit dem Öl, der Petersilie, der Zitronenschale und dem Zitronensaft zu der Mandelmischung geben und gut miteinander vermengen. Mit Salz und Pfeffer abschmecken

Die gegarten Artischocken aus dem Kochsud nehmen und mit der Mandelmischung sofort oder etwas abgekühlt servieren.

Auberginen-Paprika-Dip

8 Portionen
Zubereitungszeit 1 Stunde

1 große Aubergine
1 rote Paprika
1 rote Zwiebel
60 ml Olivenöl
1 EL Thymianblättchen
1 EL geräuchertes Paprikapulver
60 ml Zitronensaft
¼ TL Cayennepfeffer
Meersalz

Pitabrot zum Servieren

Den Backofen auf 220 °C vorheizen. Aubergine, Paprika und Zwiebel fein hacken und mit dem Olivenöl auf einem mit Backpapier ausgelegten Backblech vermischen. Das Gemüse im Ofen in etwa 30 Minuten leicht bräunen.

Das geröstete Gemüse in einer Pfanne mit Thymian, Paprikapulver, Zitronensaft und 125 Millilitern Wasser vermengen, aufkochen lassen und bei geringer Hitze 10 Minuten einköcheln lassen. Mit Cayennepfeffer und Meersalz abschmecken.

Warm oder bei Zimmertemperatur mit geröstetem Pitabrot servieren.

Tipp: Der Dip schmeckt auch zu Pasta, auf Pizza und zu Hühnchen, Lamm sowie Fisch.

Eingelegte Wachteleier mit Roter Bete

6 Portionen
Zubereitungszeit 1 Stunde zzgl. Zeit zum Kaltstellen

12 Wachteleier
500 g Baby-Rote-Bete ohne Blätter
½ Bd. Dill
1 Liter Apfelessig
160 g Zucker
2 Lorbeerblätter
1 EL schwarze Pfefferkörner
2 TL frisch geriebener Meerrettich
**   oder aus dem Glas**

Ein luftdicht verschließbares 1,25-Liter-Gefäß mit kochendem Wasser ausspülen. Die Eier in kochendes Wasser geben und 6 Minuten kochen lassen. Herausnehmen, pellen und beiseitelegen.

Die Rote Bete in kochendes Wasser geben, bedecken und in 20 Minuten weich garen. 10 Minuten abkühlen lassen, anschließend schälen.

Den Dill von den harten Stängeln zupfen. Essig, Zucker, Lorbeerblätter, Pfeffer und Meerrettich in einem Topf erhitzen und den Zucker unter Rühren auflösen. Vom Herd nehmen und den Dill unterrühren.

Eier und Rote Bete in das sterilisierte Gefäß geben und mit der Essigmischung komplett bedecken. Im Kühlschrank über Nacht oder bis zu 1 Woche ziehen lassen.

Saubohnen mit Thymian

4 Portionen
Zubereitungszeit 40 Minuten

600 g tiefgekühlte Saubohnen
1 EL Butter
2 Schalotten
150 g Speck
1 EL Thymianblättchen
1 EL Zitronensaft
Meersalz, frisch gemahlener schwarzer Pfeffer

Die Bohnen in kochendes Wasser geben, das Wasser erneut aufkochen, dann die Bohnen abgießen und etwas abkühlen lassen. Sobald sie kühl genug sind, die grünen Häutchen entfernen.

Die Butter zerlassen, Schalotten und Speck fein hacken und in der Butter anschwitzen. Die Bohnen und den Thymian dazugeben und unter Rühren heiß werden lassen. Mit Salz und Pfeffer abschmecken, den Zitronensaft einrühren und sofort servieren.

Kichererbsen mit Chorizo

6 Portionen
Zubereitungszeit 25 Minuten

1 kleine Zwiebel
2 Knoblauchzehen
340 g Chorizo
1 EL Olivenöl
1 rote Paprika
400 g Kichererbsen aus der Dose
½ TL geräuchertes Paprikapulver
60 ml trockener Weißwein
80 ml Hühnerbrühe
Meersalz, frisch gemahlener schwarzer Pfeffer

Zwiebel fein hacken, Knoblauch mit einer Gabel zerdrücken, Chorizo grob hacken und in heißem Öl leicht bräunen. Paprika in feine Streifen schneiden, Kichererbsen abgießen und dazugeben. Das Paprikapulver unterrühren, Wein und Brühe angießen und köcheln lassen, bis die Flüssigkeit zur Hälfte reduziert ist. Mit Salz und Pfeffer abschmecken und sofort servieren.

Saubohnen mit Thymian

Kichererbsen mit Chorizo

Antipasti

Eingelegtes Gemüse

6 Portionen
Zubereitungszeit 1 Stunde

2 rote Paprika
1 l Weißweinessig
6 schwarze Pfefferkörner
1 Lorbeerblatt
1 EL Meersalz
1 kleine Aubergine
½ Blumenkohl
2 Karotten
2 Selleriestangen
2 EL fein gehackte glatte Petersilie
2 TL fein gehackter Thymian
2 Knoblauchzehen
500 ml Olivenöl

Brot zum Servieren

Den Backofen auf 200 °C vorheizen. Ein luftdicht verschließbares 1,5-Liter-Gefäß mit kochendem Wasser ausspülen.

Die Paprika vierteln, entkernen und mit der Haut nach oben auf ein mit Backpapier ausgelegtes Backblech geben. Im Ofen solange rösten, bis die Haut schwarz wird und Blasen wirft. Aus dem Ofen nehmen, mit Frischhaltefolie abdecken und 10 Minuten ruhen lassen. Anschließend die Haut abziehen.

Essig mit 500 Millilitern Wasser, Pfefferkörnern, Lorbeerblatt und der Hälfte des Salzes in einem großen Topf erhitzen, aber nicht kochen. In der Zwischenzeit die Aubergine längs vierteln und in etwa 1 Zentimeter große Stücke schneiden, Blumenkohl in Röschen zerteilen, Karotten in dünne Scheiben schneiden, Sellerie in dicke Stücke zerteilen und alles in die heiße Flüssigkeit geben. Aufkochen, die Hitze reduzieren, das Gemüse in 5–10 Minuten garen, anschließend abgießen und abtropfen lassen.

Das noch heiße Gemüse mit der Paprika, den Kräutern und dem restlichen Salz in einer Schüssel gut vermengen, in das sterilisierte Gefäß umfüllen.

Den Knoblauch in dünne Scheiben schneiden und mit dem Öl in einem Topf erhitzen. Den Knoblauch entfernen und das noch heiße Öl über das Gemüse gießen und dieses vollständig damit bedecken. Zwischen Gemüse und Gefäßrand sollte noch 1 Zentimeter Platz sein. Sofort verschließen.

Das eingelegte Gemüse kann im Kühlschrank bis zu 3 Monate aufbewahrt werden. Mit knusprigem Brot oder als Teil einer Vorspeisenplatte servieren.

Fencheldip

1 Schüssel
Zubereitungszeit 45 Minuten

4 Baby-Fenchel mit Grün
2 Knoblauchzehen
1 EL Olivenöl
240 g Sour cream
Meersalz

Den Backofen auf 200 °C vorheizen. Den Fenchel längs halbieren, den harten Stielansatz entfernen. Das Grün zum Anrichten fein hacken. Fenchel und ungeschälten Knoblauch in einer ofenfesten Form mit dem Öl vermengen und in etwa 30 Minuten im Ofen weich backen. Abkühlen lassen.

Den Knoblauch schälen und mit dem Fenchel und der Sour cream pürieren, mit Salz abschmecken. Mit etwas Fenchelgrün garniert servieren. Dazu schmeckt die Knoblauchpizza von Seite 51.

Weiße-Bohnen-Dip

2 Schüsseln
Zubereitungszeit 25 Minuten

1 Porreestange
1 EL Olivenöl
400 g weiße Bohnen aus der Dose
300 ml Sahne
1 TL fein gehackte Zitronenschale
1 EL Zitronensaft
2 EL fein gehackte glatte Petersilie
Meersalz, frisch gemahlener schwarzer Pfeffer

Brot zum Servieren

Porree in feine Scheiben schneiden und im heißen Öl in etwa 10 Minuten glasig dünsten. Abkühlen lassen und mit den abgetropften Bohnen, der Sahne, Zitronenschale und -saft fein pürieren. Mit Salz und Pfeffer abschmecken und mit knusprigem Brot servieren.

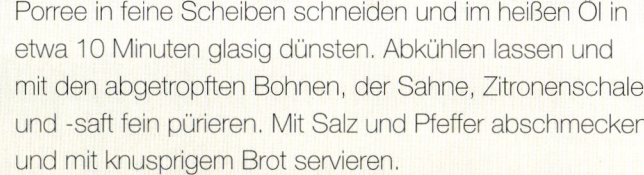

Paprika-Walnuss-Dip

2 Schüsseln
Zubereitungszeit 40 Minuten

2 rote Paprika
250 g Frischkäse
60 g fein gehackte Walnüsse
Meersalz, frisch gemahlener schwarzer Pfeffer

Den Backofen auf 220 °C vorheizen. Die Paprika vierteln, entkernen und mit der Haut nach oben auf ein mit Backpapier ausgelegtes Backblech geben. Im Ofen solange rösten, bis die Haut schwarz wird und Blasen wirft. Aus dem Ofen nehmen, mit Frischhaltefolie abdecken und 10 Minuten ruhen lassen. Anschließend die Haut abziehen und die Paprika fein hacken.

Paprika, Frischkäse und Walnüsse pürieren, mit Salz und gegebenenfalls Pfeffer abschmecken.

Oliven-Kräuter-Dip

1 Schüssel
Zubereitungszeit 20 Minuten

80 g grüne Oliven
je ½ Bd. glatte Petersilie und Minze
¼ Bd. Dill
6 Anchovisfilets
2 TL fein gehackte Zitronenschale
60 ml Zitronensaft
125 ml Olivenöl
Meersalz, frisch gemahlener schwarzer Pfeffer

Oliven, Kräuter und Anchovis fein hacken und mit den restlichen Zutaten gut vermischen. Mit wenig Salz und Pfeffer abschmecken.

Knoblauchpizza

32 Stücke
Zubereitungszeit 1 Stunde zzgl. Zeit zum Gehen

1 TL Zucker
1 Pck. Trockenhefe
400 g Mehl
1 TL Salz
2 EL Olivenöl
2 Knoblauchzehen
2 EL fein geriebener Parmesan

Öl zum Einfetten

Zucker, Hefe und 250 Milliliter lauwarmes Wasser in einer Schüssel gut verrühren und an einem warmen Ort etwa 10 Minuten ruhen lassen, bis die Flüssigkeit schaumig ist. In einer zweiten Schüssel Mehl und Salz miteinander vermengen, die Hefemischung dazugeben und alles zu einem geschmeidigen Teig kneten. Gegebenenfalls etwas Wasser oder mehr Mehl hinzufügen.

Den Teig zu einer Kugel formen, rundum mit etwas Öl einstreichen und abgedeckt an einem warmen Ort 1 Stunde gehen lassen. Die Teiggröße sollte sich verdoppelt haben.

Den Backofen auf 220 °C vorheizen, zwei Bleche einfetten oder mit Backpapier auslegen. Den Teig halbieren, beide Teile zu einer Pizza von 30 Zentimeter Durchmesser ausrollen und auf die Bleche legen. Den Knoblauch pressen, mit dem restlichen Öl mischen und die Pizzen damit bestreichen. Den Parmesan darüberstreuen und im Backofen etwa 20 Minuten backen.

Jede Pizza in 16 Stücke zerteilen. Passt gut zu den Dips dieses Buches.

Gefüllte Mini-Paprika

24 Stück
Zubereitungszeit 1 Stunde

24 Mini-Paprika
40 g scharfe Salami
250 g Ricotta
2 EL fein geriebener Parmesan
2 EL grob gehackte Pinienkerne
2 EL fein gehackter Oregano
Meersalz, frisch gemahlener schwarzer Pfeffer

Öl zum Einfetten

Den Backofen auf 200 °C vorheizen. Am Stielende der Paprika einen kleinen Deckel abschneiden. Vorsichtig Kerne und Trennwände aus der Paprika entfernen.

Die Salami fein hacken und mit den restlichen Zutaten in einer Schüssel gut verrühren, mit Salz und Pfeffer abschmecken. Die Masse in einen Spritzbeutel mit großer Tülle füllen, in die Mini-Paprika spritzen und den Deckel aufsetzen.

Eine Auflaufform mit Öl einstreichen und die Paprika hineinlegen. Im Ofen in etwa 20 Minuten weich garen. Heiß oder kalt servieren.

Carpaccio

Lachscarpaccio

8 Portionen
Zubereitungszeit 30 Minuten
  zzgl. Zeit zum Einfrieren

Etwa 400 Gramm Lachs (Sashimi-Qualität) im Gefrierbeutel für 1 Stunde tiefkühlen, dann sehr dünn aufschneiden und auf einer Platte anrichten. 2 Esslöffel Weißweinessig darüberträufeln, 1 Stunde kalt stellen. 2 Baby-Fenchel halbieren und in feine Scheiben schneiden. Fenchelscheiben, 2 Teelöffel fein gehackte Orangenschale, 50 Milliliter Orangensaft, 1 Esslöffel Öl und 1 Teelöffel fein gehackten Thymian gut miteinander vermengen, mit Meersalz und frisch gemahlenem schwarzen Pfeffer abschmecken. Überschüssigen Essig vom Lachs mit einem Küchenpapier entfernen und die Fenchelmischung auf dem Lachs anrichten.

Zucchinicarpaccio

8 Portionen
Zubereitungszeit 20 Minuten
  zzgl. Zeit zum Kaltstellen

Mit einem Sparschäler oder auf einem Hobel 2 große Zucchini längs in dünne Scheiben schneiden. In einer Schüssel mit 2 Esslöffeln Olivenöl, 2 Teelöffeln Zucker, 2 Esslöffeln fein gehacktem Schnittlauch, 1 entkernten, fein gehackten Eiertomate und etwas Salz vermengen. Abdecken und 30 Minuten kalt stellen. Das Zucchinicarpaccio mit 2 Esslöffeln gerösteten Mandelsplittern garniert servieren.

Rindfleischcarpaccio

8 Portionen
Zubereitungszeit 30 Minuten
  zzgl. Zeit zum Einfrieren

Etwa 400 Gramm bestes Rinderfilet im Gefrierbeutel für 1 Stunde ins Tiefkühlfach geben, anschließend sehr dünn aufschneiden und die Scheiben auf einer Platte anrichten.
2 Esslöffel Olivenöl, 2 Teelöffel fein gehackte Zitronenschale, 2 Esslöffel Zitronensaft, 1 zerdrückte Knoblauchzehe mit je 1 Handvoll fein gehackter glatter Petersilie und kleinen Rucolablättchen sowie 2 Esslöffeln fein gehacktem Oregano gut vermengen, mit Salz und Pfeffer abschmecken.
Auf dem Rindfleisch verteilen und mit 50 Gramm grob gehobeltem Parmesan garniert servieren.

Makrelencarpaccio

8 Portionen
Zubereitungszeit 30 Minuten
  zzgl. Zeit zum Einfrieren

Etwa 400 Gramm Makrelenfilets oder andere weißfleischige Fischfilets (Sashimi-Qualität) im Gefrierbeutel für 1 Stunde ins Tiefkühlfach geben, anschließend sehr dünn aufschneiden und die Scheiben auf einer Platte anrichten.
Den Fisch mit 50 Millilitern Zitronensaft beträufeln und 1 Stunde kalt stellen. 2 Esslöffel Olivenöl, 1 fein gehackte rote Zwiebel, 1 Handvoll glatte Petersilie und 2 Esslöffel abgetropfte kleine Kapern gut miteinander vermengen, mit Salz und Pfeffer abschmecken.
Überschüssigen Zitronensaft von der Makrele mit einem Küchenpapier entfernen und die Zwiebelmischung darauf verteilen.

Thunfischcarpaccio

8 Portionen
Zubereitungszeit 30 Minuten
  zzgl. Zeit zum Einfrieren

Etwa 400 Gramm Thunfischfilets (Sashimi-Qualität) im Gefrierbeutel für 1 Stunde ins Tiefkühlfach geben, anschließend sehr dünn aufschneiden und die Scheiben auf einer Platte anrichten.
Den Fisch mit 50 Millilitern Zitronensaft beträufeln und 1 Stunde kalt stellen. 2 Esslöffel Olivenöl, 1 lange rote Chilischote, fein gehackt, 1 Handvoll fein gehackter Basilikum und 2 Esslöffel grob gehackte Pistazien gut miteinander vermengen, mit Salz und Pfeffer abschmecken.
Überschüssigen Zitronensaft von dem Thunfisch mit einem Küchenpapier entfernen und die Basilikum-Pistazien-Mischung darauf verteilen.

Auberginenküchlein

36 Stück
Zubereitungszeit 1 Stunde

2 große Auberginen
100 g Mozzarella
2 Knoblauchzehen
½ Bd. glatte Petersilie
2 Eier
2 EL Mehl
50 g Semmelbrösel
Meersalz, frisch gemahlener schwarzer Pfeffer

Pflanzenöl zum Ausbacken
Zitronenspalten zum Servieren

Den Backofen auf 220 °C vorheizen. Auberginen mit einer Gabel rundum mehrfach einstechen, den Stielansatz entfernen. Die Auberginen auf ein mit Backpapier ausgelegtes Backblech geben und etwa 30 Minuten im Ofen weich garen. Aus dem Ofen nehmen, abkühlen lassen, die Haut abziehen und das Fruchtfleisch fein hacken. Mozzarella grob reiben, Knoblauch pressen, die Petersilie grob hacken. Eier, Mehl, Semmelbrösel, Aubergine, Mozzarella, Knoblauch und Petersilie in einer Schüssel gut miteinander vermengen. Mit Salz und Pfeffer abschmecken.
Mithilfe eines Löffels zu kleinen Küchlein formen. Reichlich Pflanzenöl in einer Pfanne erhitzen und die Küchlein darin portionsweise von beiden Seiten schön bräunen. Auf Küchenpapier etwas abtropfen lassen. Warm oder kalt mit Zitronenspalten servieren.

Erbsen-Speck-Muffins

36 Stück
Zubereitungszeit 30 Minuten

60 g Pancetta
1 Knoblauchzehe
1 TL Olivenöl
6 Eier
160 ml Sahne
60 g tiefgekühlte Erbsen
25 g Parmesan
1 EL fein gehackte Minze
1 TL fein geriebene Zitronenschale
2 EL Crème fraîche
36 kleine Minzblättchen
Meersalz, frisch gemahlener schwarzer Pfeffer

Öl zum Einfetten

Den Backofen auf 200 °C vorheizen. Drei 12er Mini-Muffinformen einfetten.

Den Speck fein hacken, den Knoblauch pressen. Das Öl in einer Pfanne erhitzen, Speck und Knoblauch darin anbraten, bis der Speck knusprig ist. Eier und Sahne in einer kleinen Schüssel gut miteinander verquirlen, Pancetta, Knoblauch, die gefrorenen Erbsen, Parmesan, gehackte Minze und Zitronenschale dazugeben, verrühren und mit Salz und Pfeffer abschmecken. Die Masse in die Muffinförmchen füllen.

Etwa 12 Minuten im Ofen stocken lassen, herausnehmen, 5 Minuten abkühlen lassen und mit etwas Crème fraîche und je einem Minzblättchen servieren.

Melone mit Ricotta und Schinken

Dip aus geräucherter Forelle

Melone mit Ricotta und Schinken

20 Stück
Zubereitungszeit 20 Minuten

½ Honigmelone
5 Scheiben roher Schinken
150 g Ricotta
1 EL fein gehackter Schnittlauch
2 EL fein gehackte geröstete Walnüsse

Die Honigmelone schälen und entkernen, in 20 mundgerechte Stücke zerteilen, den Schinken in insgesamt 20 Streifen schneiden.

Ricotta, Schnittlauch und Walnüsse vermengen, die Masse auf den Schinken streichen und die Melonenstücke damit einwickeln.

Dip aus geräucherter Forelle

1 Schüsselchen
Zubereitungszeit 30 Minuten

1 große Kartoffel
60 ml Milch
1 Knoblauchzehe
150 g geräucherte Forelle
2 EL Olivenöl
2 Frühlingszwiebeln
Meersalz, frisch gemahlener schwarzer Pfeffer

Cracker zum Servieren

Die Kartoffel fein würfeln und in Wasser garen. Abgießen, durch ein Sieb in eine Schüssel drücken. Die Milch erhitzen, zur Kartoffel geben und gut vermischen.

Den Knoblauch pressen und mit der zerpflückten Forelle, der Kartoffel und dem Öl in einer Schüssel vermengen. Die Frühlingszwiebeln fein hacken und unterrühren, mit Salz und Pfeffer abschmecken und mit Crackern servieren.

Mascarponeterrine mit Gemüse

16 Stücke
Zubereitungszeit 1 Stunde 30 Minuten

1 rote Paprika
1 kleine Zucchini
2 Baby-Auberginen
1 EL Olivenöl
12 Scheiben roher Schinken
250 g Mascarpone
2 Eier
1 Handvoll fein gehacktes Basilikum
Meersalz, frisch gemahlener schwarzer Pfeffer

Öl zum Einfetten

Den Backofen auf 200 °C vorheizen. Paprika vierteln, entkernen und die weißen Trennwände entfernen. Mit der Haut nach oben auf ein mit Backpapier ausgelegtes Backblech geben und im Ofen backen, bis die Haut schwarz wird und Blasen wirft. Aus dem Ofen nehmen, mit Frischhaltefolie abdecken und abkühlen lassen. Die Haut entfernen und fein hacken.

Zucchini und Aubergine längs in dünne Scheiben schneiden und portionsweise in wenig Öl von beiden Seiten braten, bis sie gar sind. Abkühlen lassen und fein hacken.

Die Hitze im Backofen auf 180 °C reduzieren. Eine Terrinenform (8 x 26 Zentimeter) einfetten und mit Schinken überhängend auslegen.

Mascarpone und Eier in einer Schüssel miteinander verquirlen, Basilikum, Zucchini- und Auberginenwürfel unterrühren, mit Salz und Pfeffer abschmecken. Die Mischung in die Terrinenform füllen, den Schinken über die Mischung schlagen und alles gut mit Alufolie bedecken.

Im Ofen 30 Minuten stocken lassen, die Folie entfernen und weitere 30 Minuten garen, bis die Masse fest ist. Aus dem Ofen nehmen, abkühlen lassen und vor dem Servieren 3 Stunden kalt stellen.

Polenta mit Käse und Spinat

Mozzarellabällchen mit Paprikasauce

Polenta mit Käse und Spinat

30 Stücke
Zubereitungszeit 45 Minuten zzgl. Zeit zum Kaltstellen

250 g tiefgekühlter Spinat
50 g Mozzarella
20 g Parmesan
1 l Milch
170 g Polenta
250 g Kirschtomaten
1 EL Balsamico
1 EL Olivenöl
Meersalz, frisch gemahlener schwarzer Pfeffer

Öl zum Einfetten

Den Spinat in einem Sieb auftauen und abtropfen lassen, gut ausdrücken, grob hacken und beiseitestellen. Eine 20 x 30 Zentimeter große Form einfetten. Mozzarella und Parmesan reiben.
Die Milch zum Kochen bringen, nach und nach die Polenta einrühren. Etwa 10 Minuten unter Rühren eindicken lassen, Käse und Spinat dazugeben und unterrühren. Die Masse in die Form streichen und im Kühlschrank mindestens 2 Stunden, am besten jedoch über Nacht fest werden lassen.
Den Backofen auf 200 °C vorheizen. Die Polenta aus der Form stürzen, in 30 Stücke schneiden und auf ein mit Backpapier ausgelegtes Backblech geben. In etwa 20 Minuten im Ofen leicht bräunen.
Währenddessen die Tomaten halbieren und in einer kleinen Auflaufform mit Essig und Öl mischen, mit Salz und Pfeffer würzen. Zu der Polenta stellen und 15 Minuten mitbacken. Die Polentastücke mit den Tomaten servieren, etwas Tomatensud darüberträufeln.

Mozzarellabällchen mit Paprikasauce

16 Stück · Zubereitungszeit 1 Stunde

1 rote Paprika
2 Eiertomaten
2 Knoblauchzehen
2 TL Olivenöl
2 EL Mehl
1 Ei
20 g Parmesan
50 g Semmelbrösel
2 EL fein gehackte glatte Petersilie
2 TL fein gehackte Zitronenschale
16 Mini-Mozzarellabällchen
Meersalz, frisch gemahlener schwarzer Pfeffer

Pflanzenöl zum Frittieren

Den Backofen auf 220 °C vorheizen. Paprika vierteln, entkernen, Tomaten halbieren, mit ungeschältem Knoblauch und Öl in einer Auflaufform vermengen und im Ofen in etwa 20 Minuten weich dünsten.
Den Knoblauch herausnehmen, schälen, zum Gemüse geben, pürieren, mit Salz und Pfeffer abschmecken. Mehl in eine Schüssel geben, das Ei in einer zweiten Schüssel verquirlen, in eine dritte Schüssel den Parmesan reiben und mit Semmelbröseln, Petersilie und Zitronenschale mischen. Die Mozzarellabällchen zunächst im Mehl, dann im Ei und zum Schluss in der Semmelbröselmischung wenden. Das Öl in einer tiefen Pfanne erhitzen und die Bällchen darin von allen Seiten goldbraun frittieren. Auf Küchenpapier abtropfen lassen und mit der Paprikasauce servieren.

Gemischte Meeresfrüchte

8 Portionen
Zubereitungszeit 1 Stunde zzgl. Zeit zum Kaltstellen

16 frische Garnelen mit Schale
1 Knoblauchzehe
1 TL fein gehackte Zitronenschale
½ TL Chiliflocken
1 TL gehackter Oregano
2 EL Olivenöl
8 Sardinen
8 Scheiben roher Schinken
300 g Baby-Tintenfisch
200 g Kalmar
2 EL Balsamico
¼ Bd. Petersilie
500 g gesäuberte Miesmuscheln
1 Tomate
60 ml Zitronensaft
Meersalz, frisch gemahlener schwarzer Pfeffer

Olivenöl zum Braten
Zitronenspalten zum Servieren

Die Köpfe der Garnelen entfernen, den Körper innen längs zu zwei Dritteln einschneiden und mit der Schalenseite nach oben auf einem Brett flach drücken. Den Knoblauch pressen und mit der Zitronenschale, den Chiliflocken, dem Oregano und der Hälfte des Olivenöls mischen, die Garnelen dazugeben und alles gut vermengen. Im Kühlschrank 1 Stunde kalt stellen.

Die Sardinen entgräten und mit der Hautseite nach oben auf einem Brett flach drücken, jede Sardine so mit einer Scheibe Schinken umwickeln.

Den Baby-Tintenfisch halbieren, den Kalmar in Ringe schneiden und beide in einer Pfanne mit wenig Öl von beiden Seiten braten. Pfanne vom Herd nehmen, Balsamico und das restliche Olivenöl unterrühren. Die Petersilie hacken und 2 Teelöffel davon zum Kalmar geben, mit Salz und Pfeffer abschmecken. Abdecken und warm halten.

Sardinen und Garnelen in einer zweiten Pfanne in wenig Olivenöl von beiden Seiten braten. Muscheln in einen Topf geben, 1 Tasse Wasser angießen und abgedeckt kochen, bis die Muscheln sich geöffnet haben, verschlossene Muscheln wegwerfen. Die Tomate entkernen und fein hacken und mit dem Zitronensaft, der restlichen Petersilie und den Muscheln in einer Schüssel vermengen. Alles auf einer großen Platte anrichten und mit Zitronenspalten servieren.

Snacks

Ziegenkäserollen

16 Stück
Zubereitungszeit 1 Stunde

Den Backofen auf 200 °C vorheizen.
Etwa 250 Gramm weichen Ziegenkäse
mit 1 Bund gehacktem Schnittlauch,
30 Gramm gehackten und gerösteten
Mandeln und 1 Handvoll fein gehackter
Trockenpflaumen vermischen. Insgesamt werden 16 Filoteigblätter verarbeitet. Eines ausbreiten mit Öl einpinseln, ein zweites darauflegen, ebenfalls
mit Öl einpinseln und so verfahren bis
4 Teigblätter verarbeitet sind. Aus dem
Teig vier gleich große Rechtecke
schneiden. Die restlichen Teigblätter
ebenso vorbereiten.
Die Ziegenkäsemischung auf den kurzen Seiten der Teigstücke verteilen, die
langen Seiten einschlagen, anschließend von der kurzen Seite her aufrollen
und auf einem mit Backpapier ausgelegten Backblech verteilen. Im Ofen
15 Minuten goldbraun backen.

Toast mit Blauschimmelkäse und Birne

20 Stück
Zubereitungszeit 30 Minuten

Den Grill oder den Backofen bei
Oberhitze auf 240 °C vorheizen.
1 Baguette in 20 dünne Scheiben
schneiden, 1 Knoblauchzehe pressen
und mit 40 Gramm weicher Butter
mischen. Die Baguettescheiben auf
beiden Seiten mit der Knoblauch-
butter bestreichen, nebeneinander
auf ein mit Backpapier ausgelegtes
Backblech legen und beide Seiten im
Ofen rösten, dafür wenden. 1 Birne
in dünne Scheiben schneiden. Die
Baguettescheiben mit 200 Gramm
weichem Blauschimmelkäse bestreichen, die Birnenscheiben auflegen
und mit 1 Handvoll Brunnenkresse
garniert servieren.

Feigen-Quitten-Kuchen

1 Kuchen
Zubereitungszeit 4 Stunden
* zzgl. Zeit zum Festwerden*

1 Kilogramm Quitten schälen, vierteln, entkernen. In einem Topf mit 200 Gramm fein gehackten getrockneten Feigen und 1 Zimtstange mischen, mit Wasser bedecken und zum Kochen bringen. Etwa 1 Stunde köcheln lassen, bis das Wasser absorbiert ist. Die Zimtstange entfernen, die Quitten mit einem Kartoffelstampfer zu einer breiigen Masse verarbeiten. Die Menge in einem Messbecher abmessen, zurück in den Topf geben und ebenso viel Zucker sowie 60 Milliliter Zitronensaft dazugeben, erneut erhitzen, den Zucker unter Rühren lösen. Bei sehr geringer Hitze 2 Stunden ziehen lassen. Die Masse in eine gefettete Springform geben und über Nacht fest werden lassen. Als Teil einer Käseplatte servieren.

Blauschimmelkäsedip mit karamellisierten Zwiebeln

1 Schüssel
Zubereitungszeit 30 Minuten
* zzgl. Zeit zum Abkühlen*

In einer Pfanne 20 Gramm Butter zerlassen, 1 Zwiebel fein hacken und darin weich dünsten. 2 Esslöffel braunen Zucker und 2 Esslöffel Weißweinessig dazugeben. Aufkochen, den Zucker unter Rühren lösen, die Hitze reduzieren und die Zwiebeln in etwa 10 Minuten karamellisieren lassen. 100 Gramm zerkrümelten Blauschimmelkäse und 200 Gramm Crème fraîche dazugeben und zu einer cremigen Masse verrühren, mit Salz und Pfeffer abschmecken. Abkühlen lassen, in eine Schüssel füllen und abgedeckt im Kühlschrank vollständig erkalten lassen. Vor dem Servieren 1 Handvoll fein gehackte glatte Petersilie unterrühren.

Gebackener Brie

6 Portionen
Zubereitungszeit 40 Minuten

Den Backofen auf 200 °C vorheizen. Eine ofenfeste Backform von etwa 10 Zentimeter Durchmesser einfetten. 200 Gramm Brie oder Camembert in die Form geben, an sechs Stellen leicht einschneiden. 1 Thymianzweig in 6 Stücke teilen, je ein Stück in jeden Einschnitt geben. 2 Esslöffel trockenen roten Wein über den Käse träufeln, mit Alufolie abdecken und 20 Minuten backen. Aus dem Ofen nehmen, 5 Minuten abkühlen lassen, 1 Teelöffel fein gehackte Zitronenschale und 1 fein gehackten Thymianzweig über den Käse streuen und sofort servieren.

Ausgebackener Blumenkohl

16 Portionen
Zubereitungszeit 40 Minuten

1 Blumenkohl
20 g Parmesan
3 Eier
125 ml Milch
80 g Mehl
2 EL gehackte glatte Petersilie
Meersalz, frisch gemahlener schwarzer Pfeffer

Pflanzenöl zum Ausbacken
Zitronenspalten zum Servieren

Blumenkohl in Röschen zerteilen und in kochendem, gesalzenem Wasser garen. Abgießen und abkühlen lassen.

Den Parmesan reiben und mit Eiern, Milch, Mehl und Petersilie gut verquirlen, mit Salz und Pfeffer abschmecken. Das Öl in einer tiefen Pfanne erhitzen. Die Blumenkohlröschen durch die Eiermischung ziehen und portionsweise im heißen Öl schön bräunen. Auf Küchenpapier abtropfen lassen und nach Geschmack mit Zitronenspalten servieren.

Marinierte Pilze

16 Portionen
Zubereitungszeit 40 Minuten

1 l Weißweinessig
250 ml trockener Weißwein
1 EL Meersalz
800 g Champignons
2 Knoblauchzehen
Schale von ½ Zitrone
½ TL Chiliflocken
1 EL gehackter Rosmarin
1 EL gehackte glatte Petersilie
1 Lorbeerblatt
500 ml Olivenöl

Brot zum Servieren

Ein luftdicht verschließbares 1-Liter-Gefäß mit kochendem Wasser ausspülen. Essig, Wein und die Hälfte des Salzes in einem Topf erhitzen, nicht aufkochen. Die Pilze putzen und halbieren, in den Topf geben und unverschlossen in etwa 5 Minuten gar ziehen lassen. Die Pilze aus dem Sud nehmen und gut abtropfen lassen. Die Flüssigkeit wird nicht mehr gebraucht.

Den Knoblauch in feine Scheiben schneiden, die Zitronenschale in breite Streifen schneiden und mit den noch warmen Pilzen, den Chiliflocken, den Kräutern, dem Lorbeerblatt und dem restlichen Salz mischen und in das sterilisierte Gefäß füllen.

Das Öl erhitzen und über die Pilzmischung geben. Die Pilze müssen komplett mit dem Öl bedeckt sein, das Gefäß sofort luftdicht verschließen. Die Pilze können im Kühlschrank bis zu 3 Monate aufbewahrt werden. Sie schmecken mit knusprigem Brot und als Teil einer Vorspeisenplatte.

Arancini

Kalbsspießchen

Arancini

20 Stück
Zubereitungszeit 1 Stunde 30 Minuten
  zzgl. Zeit zum Abkühlen

500 ml Hühnerbrühe
125 ml trockener Weißwein
1 kleine Zwiebel
1 Knoblauchzehe
40 g Butter
200 g Risottoreis (Arborio)
30 g Parmesan
30 g Mozzarella
24 grüne Oliven ohne Stein
40 g Semmelbrösel

Pflanzenöl zum Ausbacken

Hühnerbrühe und Wein in einem Topf zum Kochen bringen, Hitze reduzieren und abgedeckt köcheln lassen. Währenddessen Zwiebel und Knoblauch fein hacken. Die Butter in einem Topf zerlassen und Zwiebel und Knoblauch darin weich dünsten. Den Reis dazugeben und gut unterrühren, sodass er komplett mit Butter überzogen ist. Mit einer Schöpfkelle etwas von der heißen Brühe dazugeben und den Reis unter Rühren die Flüssigkeit aufnehmen lassen. Nach und nach mit der gesamten Brühe so verfahren. Der Reis sollte schön cremig, aber noch bissfest sein. Parmesan und Mozzarella reiben und unterrühren, den Reis 30 Minuten abkühlen lassen.
Mit einem Esslöffel Portionen abstechen und zu Kugeln formen, in die Mitte eine Olive drücken und das Reisbällchen gut verschließen. Die Bällchen anschließend in den Semmelbröseln wenden und in heißem Öl portionsweise ausbacken. Auf Küchenpapier abtropfen lassen.

Kalbsspießchen

20 Stück
Zubereitungszeit 40 Minuten

1 EL Kapern
2 Knoblauchzehen
50 g Semmelbrösel
5 Kalbsschnitzel à ca. 100 g
1 Zitrone
20 kleine Lorbeerblätter
1 EL Olivenöl
Meersalz, frisch gemahlener schwarzer Pfeffer

Kapern und Knoblauch fein hacken und mit den Semmelbröseln vermischen. Die Kalbsschnitzel zwischen zwei Lagen Frischhaltefolie vorsichtig flach klopfen, das Fleisch sollte 5 Millimeter dick sein, mit Salz und Pfeffer würzen. Die Stücke quer halbieren, je 1 Esslöffel der Semmelbröselmischung daraufgeben und fest aufrollen. Jede Rolle halbieren.

Die Zitrone vierteln und in dünne Scheiben schneiden. Je eine Kalbsschnitzelrolle, 1 Lorbeerblatt und 1 Zitronenscheibe auf feste Zahnstocher spießen, rundherum mit Öl einpinseln und von allen Seiten in einer Pfanne oder auf dem Grill schön bräunen.

Zucchiniblüten mit Risottofüllung

28 Stück
Zubereitungszeit 1 Stunde 30 Minuten
zzgl. Zeit zum Kochen

500 ml Hühnerbrühe
125 ml trockener Weißwein
1 Prise Safran
1 kleine Zwiebel
1 Knoblauchzehe
40 g Butter
200 g Risottoreis (Arborio)
30 g Parmesan
1 TL geriebene Zitronenschale
2 EL gehackte glatte Petersilie
28 Zucchiniblüten mit Stielansatz

Öl zum Einfetten

Hühnerbrühe, Wein und Safran in einen Topf geben, zum Kochen bringen, Hitze reduzieren und abgedeckt köcheln lassen. Währenddessen Zwiebel und Knoblauch fein hacken. Die Butter in einem Topf zerlassen und Zwiebel und Knoblauch darin weich dünsten. Den Reis dazugeben und gut unterrühren, sodass er komplett mit Butter überzogen ist. Mit einer Schöpfkelle etwas von der heißen Brühe dazugeben und den Reis unter Rühren die Flüssigkeit aufnehmen lassen. Nach und nach mit der gesamten Brühe so verfahren. Der Reis sollte schön cremig, aber noch bissfest sein. Den Parmesan reiben. Zitronenschale, Petersilie und Parmesan unterrühren, den Reis 30 Minuten abkühlen lassen.

Den Backofen auf 200 °C vorheizen, zwei Backbleche mit Backpapier auslegen und einfetten. Die Staubgefäße aus den Blüten entfernen, mit dem Risotto füllen und die Blütenblätter oben zum Verschließen etwas zusammendrehen. Auf ein Backblech legen, vorsichtig mit Öl einpinseln oder besprühen und 15 Minuten im Ofen backen.

Tomatentarte

16 Stücke
Zubereitungszeit 40 Minuten

600 g Tomaten
1 EL brauner Zucker
1 EL Balsamico
1 Blätterteig aus dem Kühlregal
16 Kerbelblättchen
Meersalz, frisch gemahlener schwarzer Pfeffer

Den Backofen auf 220 °C vorheizen. Die Tomaten kreuzweise einritzen, mit heißem Wasser übergießen. Sobald sich die Haut etwas löst, herausnehmen, abschrecken und die Haut abziehen. Dann halbieren und entkernen. Tomaten, Zucker und Essig in einer ofenfesten Form vermischen, mit Salz und Pfeffer würzen und 20 Minuten im Ofen backen.

Währenddessen den Blätterteig längs halbieren, die Streifen vierteln, jedes Stück diagonal in Dreiecke schneiden. Die Dreiecke auf ein mit Backpapier ausgelegtes Backblech legen, mit Backpapier bedecken und mit einem zweiten Blech beschweren, damit der Blätterteig nicht zu sehr aufgeht. Zu den Tomaten in den Ofen geben und 10 Minuten backen.

Auf jedes Blätterteigdreieck ein Tomatenstück geben, mit Kerbel garnieren und sofort servieren.

Süßsaure Rote Bete

24 Portionen · Zubereitungszeit 15 Minuten

400 g Rote Bete
3 Frühlingszwiebeln
1 EL gehackter Dill
2 EL Rotweinessig
1 EL Olivenöl
1 TL körniger Senf
2 TL Zucker
24 Blätter roter Chicorée
Meersalz, frisch gemahlener schwarzer Pfeffer

Die Rote Bete schälen und fein reiben, die Frühlingszwiebeln in dünne Scheiben schneiden, mit Dill, Essig,
Öl, Senf und Zucker gut vermengen, mit Salz und
Pfeffer abschmecken. Die Rote Bete mit Chicorée-
blättern servieren.

Fleischbällchen in Tomatensugo

26 Bällchen
Zubereitungszeit 1 Stunde 30 Minuten

20 g Parmesan
½ Bd. glatte Petersilie
500 g Rinderhackfleisch
1 Ei
50 g Semmelbrösel
2 EL Olivenöl
1 kleine Zwiebel
1 Knoblauchzehe
800 g stückige Tomaten aus der Dose
60 g tiefgefrorene Erbsen
½ Bd. Basilikum
Meersalz, frisch gemahlener schwarzer Pfeffer

Brot zum Servieren

Den Parmesan reiben, die Petersilie hacken und mit dem Hackfleisch, dem Ei und den Semmelbröseln gut vermengen. Mit feuchten Händen 26 kleine Fleischbällchen formen.

Die Hälfte des Olivenöls in einem Topf erhitzen und die Fleischbällchen portionsweise darin rundherum braun anbraten und beiseitestellen. Zwiebel und Knoblauch fein hacken. Das restliche Olivenöl im Topf erhitzen, Zwiebeln und Knoblauch darin weich dünsten. Die stückigen Tomaten dazugeben, aufkochen, die Fleischbällchen in die Sauce geben, die Hitze reduzieren und unbedeckt 30 Minuten köcheln lassen, bis die Sauce eingedickt ist. Mit Salz und Pfeffer abschmecken.

Die Erbsen hineingeben, das Basilikum hacken und ebenfalls dazugeben, weiterköcheln lassen, bis die Erbsen gar sind. Dazu knuspriges Brot servieren.

Knusprige Fisch-Kapern-Kroketten

16 Kroketten
Zubereitungszeit 40 Minuten zzgl. Zeit zum Kaltstellen

200 ml trockener Weißwein
2 Lorbeerblätter
400 g Weißfischfilets
1 EL kleine Kapern
1 Knoblauchzehe
40 g Butter
80 g Mehl
250 ml Milch
2 TL fein gehackte Zitronenschale
1 EL fein gehackter Schnittlauch
1 Ei
70 g Semmelbrösel

Pflanzenöl zum Ausbacken
Zitronenspalten zum Servieren

Wein, 200 Milliliter Wasser und Lorbeerblätter in einen Topf geben, zum Kochen bringen, die Fischfilets dazugeben, die Hitze reduzieren und bedeckt 5 Minuten ziehen lassen. Den Fisch aus dem Sud nehmen, abtropfen lassen und grob zerpflücken.

Die Kapern und den Knoblauch fein hacken. Die Butter in einem zweiten Topf zerlassen, die Hälfte des Mehls einrühren, die Milch angießen, aufkochen und eindicken lassen. Vom Herd nehmen, Zitronenschale, Kapern, Knoblauch, Schnittlauch und Fisch dazugeben, unterrühren und bedeckt 2 Stunden kalt stellen.

Das Ei in einem tiefen Teller verquirlen, das restliche Mehl in einen zweiten Teller geben, die Semmelbrösel in einen dritten. Aus der Fischmasse 16 ovale Kroketten formen, erst im Mehl, dann im Ei und anschließend in den Semmelbröseln wenden. Portionsweise im heißen Öl ausbacken, auf Küchenpapier abtropfen lassen und mit Zitronenspalten servieren.

Meze

Gözleme

16 Stück
Zubereitungszeit 1 Stunde 30 Minuten

300 g Mehl
½ TL Salz
1 Zwiebel
2 Knoblauchzehen
2 EL Olivenöl
2 TL gemahlener Kreuzkümmel
1 TL gemahlener Zimt
200 g Hähnchenbrustfilet
200 g Spinat
100 g Schafskäse (Feta)
2 EL Zitronensaft
Meersalz, frisch gemahlener schwarzer Pfeffer

Zitronenspalten zum Servieren

Mehl und Salz in einer Schüssel miteinander vermengen. Nach und nach 200 Milliliter warmes Wasser dazugießen und alles zu einem geschmeidigen Teig kneten. Zurück in die Schüssel geben und abgedeckt ruhen lassen, während die Füllung zubereitet wird.

Zwiebel und Knoblauch fein hacken, die Hälfte des Öls in einer Pfanne erhitzen und Zwiebeln und Knoblauch darin weich dünsten. Kreuzkümmel und Zimt dazugeben, unterrühren und beiseitestellen. Das Hähnchenbrustfilet in kochendes Wasser geben, die Hitze reduzieren und in etwa 10 Minuten gar ziehen lassen. Herausnehmen, abkühlen lassen und fein hacken. Den Spinat tropfnass in einen großen Topf geben und bei starker Hitze zusammenfallen lassen. Ebenfalls abkühlen lassen, dann ausdrücken und fein hacken. Schafskäse zerbröseln und mit dem Hähnchen, dem Spinat, dem Zitronensaft und der Zwiebelmischung vermengen, mit Salz und Pfeffer abschmecken.

Den Teig halbieren, beide Teile auf etwa 25 x 35 Zentimeter ausrollen, je die Hälfte des Teigblattes mit der Spinatmischung bestreichen. Jeweils die unbelegte Seite über den Spinat klappen und die Ränder fest andrücken. Mit dem restlichen Öl rundherum einpinseln und in einer großen Pfanne von beiden Seiten braun braten oder auf dem Backofenrost im Ofen grillen. Jede Gözleme in acht Stücke zerteilen und mit Zitronenspalten servieren.

Gebackener Fisch

Gegrillter Baby-Tintenfisch

Gebackener Fisch

12 Stück
Zubereitungszeit 30 Minuten

2 Knoblauchzehen
150 g Joghurt (10 % Fett)
¼ Bd. Minze
2 EL Mehl
2 TL geräuchertes Paprikapulver
1 TL gemahlener Kreuzkümmel
8 kleine Weißfischfilets mit Haut (ca. 320 g)
1 EL Olivenöl
2 Tomaten
1 kleine rote Zwiebel
1 langes türkisches Fladenbrot
1 Romanaherz
Meersalz

Den Backofen auf 200 °C vorheizen, den Knoblauch darin ungeschält etwa 10 Minuten rösten, herausnehmen, schälen und mit dem Joghurt fein pürieren. Die Minze fein hacken und unterrühren, mit Salz abschmecken.
Das Mehl mit den Gewürzen in einer kleinen Schüssel vermengen, die Fischfilets darin wenden, überschüssiges Mehl abklopfen und im heißen Öl in einer Pfanne von beiden Seiten goldgelb ausbacken.
Die Tomaten und die Zwiebel in dünne Scheiben schneiden, das Brot halbieren, die untere Hälfte mit dem Joghurt bestreichen. Die Romanablätter darauf verteilen, mit Tomaten und Zwiebeln belegen, den Fisch obenauf legen und mit der oberen Brothälfte abschließen. In 12 Stücke zerteilen und sofort servieren.

Gegrillter Baby-Tintenfisch

6 Portionen
Zubereitungszeit 25 Minuten zzgl. Zeit zum Kaltstellen

1 kg Baby-Tintenfisch
80 ml Zitronensaft
80 ml Olivenöl
2 Knoblauchzehen
2 TL Oregano
Meersalz, frisch gemahlener schwarzer Pfeffer

Zitronenspalten zum Servieren

Tintenfisch säubern, Augen und den harten Schulp entfernen. Zitronensaft und Öl in einer Schüssel verrühren, den Knoblauch pressen und dazugeben, den Oregano unterrühren. Den Tintenfisch in die Marinade geben und mindestens 3 Stunden, am besten jedoch über Nacht kalt stellen.
Den Tintenfisch aus der Marinade nehmen, gut abtropfen lassen und auf dem Grill, im Ofen oder in einer Pfanne von allen Seiten braten. Mit Salz und Pfeffer würzen, mit Zitronenspalten servieren.

Radieschensalat

8 Portionen
Zubereitungszeit 25 Minuten

2 große Pitabrote
1 grüne Paprika
1 kleine Gurke
1 Tomate
4 Radieschen
½ Bd. glatte Petersilie
¼ Bd. Minze
1 Handvoll Koriander
2 Knoblauchzehen
2 EL Olivenöl
2 EL Zitronensaft
Meersalz, frisch gemahlener schwarzer Pfeffer

Den Backofen auf 200 °C vorheizen, das Brot darin knusprig backen. Paprika, Gurke, Tomate und Radieschen fein würfeln, Petersilie, Minze und Koriander fein hacken, alles miteinander vermengen. Knoblauch fein hacken, mit Olivenöl und Zitronensaft verrühren, mit Salz und Pfeffer abschmecken und mit dem Salat mischen. Dazu das knusprige Pitabrot reichen.

Tunesischer Thunfischsalat

8 Portionen
Zubereitungszeit 25 Minuten

2 TL Kümmelsamen
½ TL gemahlener Zimt
1 Dose Thunfisch in Öl
1 grüne Paprika
40 g schwarze Oliven
2 Tomaten
2 Frühlingszwiebeln
300 g Kichererbsen aus der Dose
2 TL fein gehackte Orangenschale
2 EL Orangensaft
1 TL Harissa
Meersalz, frisch gemahlener schwarzer Pfeffer

Brot zum Servieren

Kümmel und Zimt ohne Öl in einer kleinen Pfanne vorsichtig rösten. Thunfisch abgießen, 2 Esslöffel Öl auffangen und beiseitestellen.

Den Thunfisch mit einer Gabel zerpflücken, Paprika, Oliven, Tomaten und Frühlingszwiebeln fein hacken, alles vermengen, die Kichererbsen unterrühren, das aufgefangene Öl, die Orangenschale, den Orangensaft, die Gewürze und das Harissa dazugeben, gut verrühren und mit Salz und Pfeffer abschmecken.

Eingelegter Tintenfisch

8 Portionen
Zubereitungszeit 1 Stunde 10 Minuten
  zzgl. Zeit zum Abkühlen und Kaltstellen

1,5 kg küchenfertiger Tintenfisch
1 Knoblauchzehe
180 ml Olivenöl
130 ml Weißweinessig
2 EL grob gehackte glatte Petersilie
Meersalz, frisch gemahlener schwarzer Pfeffer

Den Tintenfisch ohne Zugabe von Flüssigkeit in einem großen Topf erhitzen, abdecken und bei geringer Hitzezufuhr in etwa 1 Stunde garen. Er sollte im eigenen Saft schmoren, gegebenenfalls etwas Wasser angießen. Im Topf abkühlen lassen, dann die Haut abziehen, Tentakeln ganz lassen.

Tintenfisch in mundgerechte Stücke schneiden. Den Knoblauch hacken, mit dem Olivenöl, dem Essig und der Petersilie in einer großen Schüssel verrühren, mit Salz und Pfeffer abschmecken. Den Tintenfisch in die Marinade geben und über Nacht im Kühlschrank ziehen lassen.

Wachteln mit Blutorangen

8 Portionen
Zubereitungszeit 35 Minuten

6 Wachteln
1 frische rote Chilischote
1 Knoblauchzehe
1 TL Kreuzkümmelsamen
100 ml Blutorangensaft
2 EL brauner Zucker
1 EL fein gehackter Koriander
Meersalz

Den Backofen auf 200 °C vorheizen. Mit einer Geflügel-schere die Wachteln links und rechts des Rückgrates aufschneiden, das Rückgrat entfernen. Jede Wachtel in vier Stücke zerteilen und rundherum salzen. Die Wachtel-stücke auf ein mit Backpapier ausgelegtes Backblech geben, mit Alufolie abdecken und im Ofen etwa 15–20 Mi-nuten garen.

Währenddessen Chili und Knoblauch fein hacken. Den Kreuzkümmel ohne Öl in einer Pfanne rösten, Blutoran-gensaft angießen, Chili, Knoblauch und Zucker dazuge-ben und ohne zu kochen rühren, bis der Zucker sich gelöst hat. Dann aufkochen und in etwa 5 Minuten zu einem Sirup einköcheln lassen. Die heißen Wachtel-stücke mit dem Sirup in einer Schüssel gut vermischen und mit dem Koriander bestreut servieren.

Kalmar mit Zitronenpfeffer

4 Portionen
Zubereitungszeit 30 Minuten

500 g Kalmar
80 g Mehl
2 EL Zitronenpfeffer
2 TL Oregano
1 TL grobes Salz
1 EL grob gehackte glatte Petersilie

Erdnussöl zum Frittieren

Den Kalmar in dicke Streifen zerteilen. Mehl, Zitronen-pfeffer, Oregano und Salz in einer Schüssel vermengen, den Kalmar darin wenden, überschüssiges Mehl ab-klopfen.

Das Erdnussöl in einer tiefen Pfanne erhitzen und die Kalmarstücke darin portionsweise goldbraun braten. Auf Küchenpapier abtropfen lassen. Mit Petersilie garniert servieren.

Wachteln mit Blutorangen

Kalmar mit Zitronenpfeffer

Türkischer Tomatensalat

8 Portionen · Zubereitungszeit 20 Minuten

1 TL Kreuzkümmelsamen
2 Tomaten
1 rote Paprika
1 rote Zwiebel
1 rote Chilischote
1 EL Granatapfelsirup
2 EL Olivenöl
1 Handvoll glatte Petersilie
Meersalz

Den Kreuzkümmelsamen ohne Öl in einer Pfanne rösten, aus der Pfanne nehmen und abkühlen lassen. Tomaten, Paprika, Zwiebel und Chili fein hacken, mit dem Kreuzkümmel, Granatapfelsirup und Olivenöl vermengen, mit Salz abschmecken. Die Petersilie fein hacken und unterrühren.

Gebratener Halloumi

6 Portionen
Zubereitungszeit 10 Minuten

500 g Halloumi
2 EL Zitronensaft
1 EL grob gehackte glatte Petersilie
Meersalz

Öl zum Anbraten

Den Käse in 1 Zentimeter große Stücke schneiden und in wenig Öl von beiden Seiten braten. Halloumi auf eine Platte geben, mit Zitronensaft beträufeln, mit etwas Salz und der Petersilie bestreut servieren.

Käsegebäck

26 Stück
Zubereitungszeit 1 Stunde 15 Minuten
  zzgl. Zeit zum Ruhen

400 g Mehl
1 Pck. Backpulver
½ TL Salz
60 ml Olivenöl
2 Eier
100 g Schafskäse (Feta)
40 g Pecorino
120 g Ricotta
2 TL Sesamsamen

Den Backofen auf 200 °C vorheizen. Backblech mit Backpapier auslegen.

Mehl, Backpulver und Salz verrühren, nach und nach das Öl und etwa 150 Milliliter warmes Wasser unterrühren, bis ein geschmeidiger Teig entsteht. Den Teig in Frischhaltefolie einschlagen und im Kühlschrank 30 Minuten ruhen lassen.

Währenddessen die Füllung zubereiten. Dafür 1 Ei verquirlen, den Feta zerkrümeln, den Pecorino reiben und mit dem Ricotta und den Sesamsamen zum Ei geben, gut miteinander vermischen.

Den Teig halbieren, jede Hälfte auf etwa 30 x 40 Zentimeter ausrollen, insgesamt 26 Kreise mit einem Durchmesser von etwa 10 Zentimetern ausstechen. In die Mitte der Kreise je 1 Teelöffel der Füllung setzen, die eine Teighälfte so darüberklappen, dass Halbkreise entstehen, die Ränder mit einer Gabel festdrücken und die Teigstücke auf das Backblech geben. Das zweite Ei verquirlen, die Teigstücke damit einpinseln und im Ofen in etwa 15 Minuten goldgelb bräunen.

Tipp: Die ungebackenen Teigstücke lassen sich gut einfrieren.

Spieße

Die Spieße mindestens 1 Stunde vor der Verwendung in Wasser einlegen, damit sie beim Garen nicht verbrennen.

Lammspieße

16 Spieße
Zubereitungszeit 30 Minuten
  zzgl. Zeit zum Kaltstellen

800 Gramm Lammfilets in 2 Zentimeter große Stücke schneiden. In einer Schüssel mit 1 Esslöffel Olivenöl, 2 Teelöffeln fein gehackter Zitronenschale, 1 gepressten Knoblauchzehe und 2 Teelöffeln fein gehacktem Oregano vermischen. Abdecken und im Kühlschrank 1 Stunde kalt stellen. Die Fleischstücke auf 16 kleine Spieße stecken, salzen und grillen oder in der Pfanne braten.

Hähnchenspieße

16 Spieße
Zubereitungszeit 30 Minuten

600 Gramm Hähnchenbrustfilets in 2 Zentimeter große Stücke schneiden und auf 16 kleine Spieße stecken. In einer Schüssel 1 Esslöffel Sumak und je 1 Teelöffel helle und schwarze Sesamsamen miteinander vermischen, die Spieße darin wenden, salzen. Auf dem Grill oder in der Pfanne zubereiten und mit Zitronenspalten servieren.

Gemüse-Halloumi-Spieße

16 Spieße
Zubereitungszeit 35 Minuten

180 Gramm Halloumi und 1 rote Paprika in 16 Stücke zerteilen, 1 kleine Zucchini zunächst halbieren, dann ebenfalls in insgesamt 16 Stücke schneiden. Halloumi, Paprika und Zucchini auf 16 Spieße stecken. Auf dem Grill oder in der Pfanne rundum bräunen. Währenddessen 100 Gramm Mayonnaise, 1 Esslöffel Limettensaft und 2 Teelöffel Harissa gut miteinander vermengen und zu den fertig gegarten Spießen servieren.

Lammhackspieße

16 Spieße
Zubereitungszeit 30 Minuten

500 Gramm Lammhackfleisch mit 1 Ei, 1 fein gehackten Zwiebel, 2 Esslöffeln fein gehackter glatter Petersilie, 1 gepressten Knoblauchzehe, ½ Teelöffel Cayennepfeffer und je 2 Teelöffeln gemahlenem Zimt und edelsüßem Paprikapulver gut verkneten, mit Salz abschmecken. 16 kleine Würste daraus formen, auf Spieße stecken und auf dem Grill oder in der Pfanne gut durchgaren. Dazu Joghurt und Zitronenspalten servieren.

Garnelenspieße

16 Spieße
Zubereitungszeit 30 Minuten

1 Esslöffel Olivenöl, 2 gepresste Knoblauchzehen, 2 Teelöffel fein gehackte Zitronenschale, 1 Teelöffel gemahlener Piment, 1 Teelöffel Kümmelsamen und je 2 Esslöffel fein gehackte glatte Petersilie, Minze und Koriander in einer Schüssel vermengen. 16 küchenfertige Garnelen mit Schwanz dazugeben und gut vermischen. Die Garnelen der Länge nach auf Spieße stecken, salzen und auf dem Grill oder in der Pfanne garen.

Auberginendip

Hühnchen mit Rosenwasser

Auberginendip

1 Schüssel
Zubereitungszeit 45 Minuten
   zzgl. Zeit zum Ziehen und Kaltstellen

2 große Auberginen
1 EL grobes Salz
60 ml Olivenöl
1 Zwiebel
¼ Bund glatte Petersilie
2 Knoblauchzehen
150 g Joghurt (10 % Fett)
2 EL Zitronensaft

Brot zum Servieren

Auberginen in 1 Zentimeter dicke Scheiben schneiden, nebeneinander auslegen und mit dem Salz bestreuen. Etwa 30 Minuten ziehen lassen, die Auberginen unter kaltem Wasser abspülen, anschließend trocken tupfen. Den Backofen auf 200 °C vorheizen, die Auberginenscheiben nebeneinander auf ein mit Backpapier ausgelegtes Backblech legen, mit Öl einpinseln und im Ofen sehr weich garen, zwischendurch wenden und noch mal mit Öl bestreichen, die Scheiben sollten leicht gebräunt sein.

Zwiebel und Petersilie fein hacken, Knoblauch pressen und mit den Auberginen, dem Joghurt und dem Zitronensaft pürieren. Mindestens 3 Stunden, am besten jedoch über Nacht kalt stellen. Dip kann bis zu 3 Tage im Voraus zubereitet werden, dazu knuspriges Brot reichen.

Hühnchen mit Rosenwasser

20 Stück
Zubereitungszeit 35 Minuten zzgl. Kaltstellen

20 Chickenwings
2 EL brauner Zucker
80 ml Rosenwasser
1 EL Olivenöl
½ TL gemahlener Piment
2 TL Sesamsamen

Mit einem spitzen Messer die Hühnchenteile rundherum einpiksen und mit Zucker, Rosenwasser, Öl und Piment in einer Schüssel vermengen. Abgedeckt 3 Stunden oder über Nacht kalt stellen.

Den Backofen auf 220 °C vorheizen. Die Hühnchenteile auf einem geölten Backrost verteilen, den Rost über einem Backblech platzieren und das Hühnchen mit der restlichen Marinade einpinseln. Mit den Sesamsamen bestreuen. Im Ofen 30 Minuten backen, wenn nötig zwischendurch mit der Marinade einpinseln.

Spinat-Feta-Taschen

48 Stück
Zubereitungszeit 1 Stunde 30 Minuten

3 Frühlingszwiebeln
2 Teelöffel Olivenöl
250 g Baby-Spinat
250 g Schafskäse (Feta)
1 Ei
2 EL fein gehackte glatte Petersilie
1 EL fein gehackter Dill
24 Filoteigblätter
150 g Butterschmalz
Meersalz, frisch gemahlener schwarzer Pfeffer

Frühlingszwiebeln fein hacken, in heißem Öl in einer großen Pfanne weich dünsten. Den Spinat dazugeben und zusammenfallen lassen. Vom Herd nehmen, abkühlen lassen und die Flüssigkeit ausdrücken, dann fein hacken.

Spinatmischung mit zerbröseltem Feta, Ei und Kräutern vermengen, mit Salz und Pfeffer abschmecken. Den Backofen auf 200 °C vorheizen. Backbleche mit Backpapier auslegen. 1 Filoteigblatt mit zerlassenem Butterschmalz einpinseln, ein zweites Blatt darauflegen, ebenfalls mit Butterschmalz einpinseln, anschließend vier lange Streifen daraus schneiden. Mit den restlichen Blättern ebenso verfahren. Die Spinatmischung auf die Enden der Streifen setzen, jeweils das kurze Teigende diagonal darüberschlagen und so in den restlichen Teigstreifen einwickeln, dass Dreiecke entstehen. Die fertigen Teigtaschen mit dem restlichen Butterschmalz einpinseln und auf den Blechen im Ofen etwa 15 Minuten bräunen.

Rote-Bete-Dip

1 Schüssel
Zubereitungszeit 1 Stunde 30 Minuten

500 g Rote Bete
1 Knoblauchzehe
150 Joghurt (10 % Fett)
2 EL grob gehackte Minze
1 EL Zitronensaft
Meersalz

Pitabrot zum Servieren

Den Backofen auf 200 °C vorheizen, ein Backblech mit Backpapier auslegen. Rote Bete gut waschen und ungeschält im Ofen etwa 1 Stunde weich garen. Abkühlen lassen, schälen und grob hacken.

Knoblauch pressen und mit der Roten Bete, dem Joghurt und der Minze pürieren, mit Salz und Zitronensaft abschmecken. Mit geröstetem Pitabrot servieren.

Chilitomaten

4 Portionen
Zubereitungszeit 15 Minuten

¼ Bd. glatte Petersilie
2 Knoblauchzehen
½ TL Chiliflocken
2 TL Olivenöl
4 große Tomaten
Meersalz, frisch gemahlener schwarzer Pfeffer

Petersilie und Knoblauch fein hacken, mit den Chiliflocken in einer Schüssel vermengen. Öl in einer Pfanne
erhitzen, die Tomaten in dicke Scheiben schneiden,
nebeneinander ins heiße Öl geben und bei hoher Hitzezufuhr 2 Minuten braten. Die Petersilienmischung
darübergeben, weiterkochen, die Pfanne dabei gele-
gentlich etwas rütteln. Die Tomaten sollten leicht
gebräunt sein, aber noch nicht zerfallen. Mit Salz und
Pfeffer würzen und auf einer Platte anrichten.

Gebackener Schafskäse

6 Portionen
Zubereitungszeit 20 Minuten

200 g Schafskäse (Feta)
2 TL Olivenöl
½ TL edelsüßes Paprikapulver
1 Ciabatta
60 ml Olivenöl
2 TL gehackter Oregano

Den Backofen auf 200 °C vorheizen. Den Käse mit Küchenpapier trocken tupfen und in eine ofenfeste Form geben. Öl und Paprikapulver vermischen, den Feta damit einpinseln und im Ofen bräunen.

Das Ciabatta halbieren, die Schnittseiten mit dem Öl einpinseln und im Ofen neben dem Feta goldbraun rösten. Das Brot mit Oregano bestreuen und mit dem heißen Feta servieren.

Labne

Sardinen mit Kapern

Labne

8 Portionen
Zubereitungszeit 10 Minuten zzgl. Zeit zum Abtropfen

500 g Joghurt (10 % Fett)
1 ½ TL Salz
1 EL Olivenöl
½ TL Chiliflocken
1 EL grob gehackter Koriander
1 EL grob gehackte Minze

Joghurt und Salz miteinander vermengen. Ein Sieb mit einem heiß ausgewaschenen Geschirrtuch oder einem extra Käseleinen auslegen, den Joghurt hineingeben, in ein Gefäß stellen, abdecken und mindestens 24 Stunden im Kühlschrank abtropfen lassen. Je länger er abtropft, umso fester wird der Labne.

Labne aus dem Tuch nehmen, auf einer Platte oder in einer Schüssel anrichten, Öl, Chili und Kräuter darüberstreuen und servieren.

Sardinen mit Kapern

8 Portionen
Zubereitungszeit 45 Minuten

2 EL kleine Kapern
1 Knoblauchzehe
¼ Bd. glatte Petersilie
2 TL feingehackte Zitronenschale
2 TL Zitronensaft
8 küchenfertige Sardinen
50 g Mehl
½ TL edelsüßes Paprikapulver
Meersalz

Olivenöl zum Braten
Zitronenspalten zum Servieren

Kapern fein hacken, Knoblauchzehe mit der Gabel zerdrücken, Petersilie fein hacken, alles vermengen. Zitronenschale und -saft unterrühren, mit Salz abschmecken. Die Sardinen an einer Längsseite aufschneiden und aufklappen. Mehl und Paprikapulver vermischen und die Sardinen darin wenden. Das Öl in einer großen Pfanne erhitzen und die Sardinen darin von beiden Seiten braten und auf Küchenpapier abtropfen lassen. Die Sardinen auf einer Platte anrichten, mit der Kapernmischung bestreuen und mit Zitronenspalten servieren.

Pide

Pide-Grundteig

8 Portionen
Zubereitungszeit 30 Minuten
  zzgl. Zeit zum Ruhen

In einer Schüssel 1 Päckchen Trockenhefe, 1 Teelöffel Zucker, 150 Milliliter warmes Wasser und 2 Esslöffel warme Milch miteinander verrühren. An einem warmen Ort stehen lassen, bis die Mischung Blasen wirft. 50 Gramm Mehl dazugeben, gut verrühren und an einem warmen Ort 1 weitere Stunde gehen lassen. 250 Gramm Mehl, 1 Teelöffel Salz und 1 Esslöffel Olivenöl in die Mischung geben und alles zu einem glatten Teig kneten. Abdecken und an einem warmen Ort erneut 1 Stunde gehen lassen.

Den Backofen auf 240 °C vorheizen. Den Teig zu einem flachen Oval ausrollen und auf ein Backpapier legen. Mit den Fingerspitzen Mulden in den Teig drücken, mit 1 Esslöffel Olivenöl einpinseln und mit 2 Teelöffeln Sesamsamen bestreuen. Das Blech im Ofen heiß werden lassen, dann das Pide mit dem Backpapier daraufgeben und etwa 15 Minuten backen. Jede Pide in acht Stücke zerteilen und heiß servieren.

Käsepide

8 Portionen
Zubereitungszeit 25 Minuten

Den Backofen auf 240 °C vorheizen. 1 Grundteig in drei Stücke zerteilen, jedes auf etwa 12 x 30 Zentimeter ausrollen. Die Ränder mit Wasser bestreichen und einen etwa 2 Zentimeter breiten Streifen umklappen und festdrücken. Die Backbleche im Ofen heiß werden lassen, mit Backpapier auslegen, Pide auflegen und etwa 5 Minuten backen. Aus dem Ofen nehmen, in der Mitte mit den Fingerspitzen etwas flach drücken. 3 Eier verquirlen, 100 Gramm grob gehackten Halloumi dazugeben. 1 Frühlingszwiebel fein hacken, ebenfalls zur Eimischung geben, verrühren, mit Salz und Pfeffer abschmecken, Mischung auf den Pide verteilen. Im Ofen weitere 10 Minuten backen. Jede Pide in acht Stücke zerteilen und heiß servieren.

Pide mit Lammhack

8 Portionen
Zubereitungszeit 35 Minuten

Den Backofen auf 240 °C vorheizen.
1 fein gehackte Zwiebel und 1 gepresste Knoblauchzehe in 1 Esslöffel
Olivenöl anschwitzen. 300 Gramm
Lammhackfleisch dazugeben, mit je
1 Teelöffel gemahlenem Zimt, Kreuzkümmel und geräucherter Paprika und
½ Teelöffel Cayennepfeffer würzen.
Das Hackfleisch anbraten. Koriander
fein hacken, unterrühren, mit Salz
abschmecken. Die Pfanne vom Herd
nehmen und abkühlen lassen. Den
Grundteig wie bei den Pide rechts
beschrieben vorbereiten. Die Hackfleischmischung auf den Pide verteilen. Die Backbleche im Ofen heiß
werden lassen, mit Backpapier auslegen, Pide daraufgeben, 10 Minuten
backen. 1 Tomate fein hacken, auf
das Hackfleisch geben, weitere
5 Minuten backen.

Pide mit Schafskäse und Spinat

8 Portionen
Zubereitungszeit 25 Minuten

Den Backofen auf 240 °C vorheizen.
300 Gramm Blattspinat in einem Topf
zerfallen lassen, herausnehmen,
ausdrücken und fein hacken. Spinat
mit 100 Gramm zerbröseltem Schafskäse (Feta) und 100 Gramm grob
gehacktem Halloumi vermischen, mit
Salz und Pfeffer abschmecken.
1 Pide-Grundteig in drei gleich große
Stücke zerteilen, jedes Stück auf
etwa 12 x 30 Zentimeter ausrollen.
Die Ränder mit Wasser bestreichen
und einen etwa 2 Zentimeter breiten
Streifen umklappen und festdrücken.
Die Spinatmischung auf den Pide
verteilen. Die Backbleche im Ofen
heiß werden lassen, mit Backpapier
auslegen, Pide daraufgeben und im
Ofen 15 Minuten backen. Jede Pide
in acht Stücke zerteilen und heiß
servieren.

Pide mit Kürbis und Schafskäse

8 Portionen
Zubereitungszeit 30 Minuten

Den Backofen auf 240 °C vorheizen.
200 Gramm gegarten Kürbis grob
hacken, mit 100 Gramm zerbröseltem
Schafskäse (Feta) und 100 Gramm
grob gehacktem Mozzarella vermengen, mit Salz und Pfeffer abschmecken. 1 Pide-Grundteig in drei gleich
große Stücke zerteilen, jedes Stück
auf etwa 12 x 30 Zentimeter ausrollen.
Die Ränder mit Wasser bestreichen
und einen etwa 2 Zentimeter breiten
Streifen umklappen und festdrücken.
Die Kürbismischung auf den Pide
verteilen. Die Backbleche im Ofen
heiß werden lassen, mit Backpapier
auslegen, Pide daraufgeben und im
Ofen 15 Minuten backen. Jede Pide in
acht Stücke zerteilen und heiß mit fein
gehackter glatter Petersilie servieren.

Zucchini im Teigmantel mit Skordalia

6 Portionen
Zubereitungszeit 1 Stunde zzgl. Zeit zum Ruhen

4 Knoblauchzehen
4 Scheiben Sandwichtoast
1 EL Zitronensaft
120 ml Olivenöl
4 mittelgroße Zucchini
2 TL Salz
150 g Mehl
1 EL Öl
1 Eigelb
Meersalz

Erdnussöl zum Ausbacken

Den Knoblauch pressen. Die Rinde vom Brot entfernen und das Toast in eine Schüssel mit Wasser geben, ausdrücken und mit dem Knoblauch und wenig Salz zu einer feinen Masse pürieren. Weiterpürieren und dabei den Zitronensaft und das Öl in einem dünnen Strahl dazugießen. Das Skordalia sollte eine mayonnaiseähnliche Konsistenz bekommen, gegebenenfalls noch 1 Esslöffel Wasser dazugeben.

Die Zucchini in 1 Zentimeter dicke Scheiben schneiden, auf einer Platte nebeneinander auslegen und mit Salz bestreuen. Etwa 30 Minuten ziehen lassen, danach unter fließendem Wasser abspülen und mit Küchenpapier trocken tupfen.

Das Mehl mit 180 Milliliter warmem Wasser, dem Öl und dem Eigelb zu einem flüssigen Teig rühren und 10 Minuten ruhen lassen. Wird der Teig zu dick, noch etwas Wasser einrühren.

In einer tiefen Pfanne das Öl erhitzen, die Zucchinistücke durch den Teig ziehen und bei mittlerer Hitze in der Pfanne von beiden Seiten goldbraun braten. Auf Küchenpapier abtropfen lassen, mit Skordalia servieren.

Mini-Ricotta-Muffins

Hähnchen-Souflaki

Mini-Ricotta-Muffins

18 Stück
Zubereitungszeit 30 Minuten

1 Knoblauchzehe
250 g Ricotta
1 Ei
1 EL fein gehackte glatte Petersilie
1 TL fein gehackter Thymian
½ TL Meersalz

Öl zum Einfetten

Den Backofen auf 180 °C vorheizen. 18 Vertiefungen von zwei 12er Mini-Muffinformen einfetten.

Den Knoblauch pressen und mit den restlichen Zutaten zu einem geschmeidigen Teig verarbeiten. In die Förmchen füllen und im Backofen 20 Minuten backen. Die Muffins sollten leicht gebräunt sein.

Warm oder kalt servieren, die Muffins können auch eingefroren werden.

Hähnchen-Souflaki

20 Stück
Zubereitungszeit 35 Minuten zzgl. Zeit zum Kaltstellen

1 kg Hähnchenbrustfilets
2 Knoblauchzehen
¼ Bd. Minze
2 EL Olivenöl
2 EL Zitronensaft
1 ½ TL geräuchertes Paprikapulver
Meersalz

Zitronenspalten zum Servieren

Hähnchenbrustfilets von sichtbarem Fett befreien, in 2 Zentimeter große Stücke zerteilen und in eine Schüssel geben. Den Knoblauch und die Minze fein hacken und mit dem Öl und dem Zitronensaft zum Hähnchen geben. Gut vermengen und mit Paprikapulver und Salz würzen. Die Hähnchenstücke auf 20 Bambusspieße verteilen, abdecken und mindestens 3 Stunden oder über Nacht im Kühlschrank kalt stellen.

Die Spieße auf dem Grill oder in der Pfanne garen und mit Zitronenspalten servieren.

Sigara boreği mit Lammhackfüllung

16 Stück
Zubereitungszeit 1 Stunde 30 Minuten

1 Zwiebel
2 Knoblauchzehen
2 EL Olivenöl
2 TL gemahlener Piment
2 TL gemahlener Koriander
1 ½ TL gemahlener Zimt
1 TL gemahlener Kreuzkümmel
300 g Lammhackfleisch
100 g Butter
6 große Yufka- oder Filoteigblätter
200 g Joghurt (10 % Fett)
1 EL Zitronensaft
1 EL gehackte Minze
Meersalz, frisch gemahlener schwarzer Pfeffer

Zwiebel und Knoblauch fein hacken und im Olivenöl bei mittlerer Hitze dünsten. Die Gewürze dazugeben und 30 Sekunden mitdünsten. Das Hackfleisch zugeben und unter Rühren gut anbraten, mit Salz und Pfeffer abschmecken.

Den Backofen auf 220 °C vorheizen. Die Butter zerlassen und die Teigblätter damit einpinseln. Die großen Blätter jeweils in drei lange Streifen zerteilen.

1 Esslöffel der Hackfleischmischung auf der kurzen Seite eines Blatts platzieren, die Längsseiten einschlagen und von der kurzen Seite her zu einer festen Rolle aufrollen. Die Enden anfeuchten und festdrücken, damit sie beim Backen nicht aufgehen.

Die Sigara böreği auf ein mit Backpapier ausgelegtes Backblech geben, mit der restlichen Butter einpinseln und 15 Minuten im Ofen knusprig backen.

Währenddessen den Joghurt mit dem Zitronensaft und der Minze vermischen, mit Salz abschmecken. Den Joghurt zu den warmen Sigara böreği servieren.

Bohnendip

1 Schüsselchen
Zubereitungszeit 20 Minuten

500 tiefgekühlte dicke Bohnen
1 Knoblauchzehe
1 TL gemahlener Kreuzkümmel
½ TL geräuchertes Paprikapulver
2 EL Olivenöl
1 EL Zitronensaft
1 EL fein gehackte Minze
Meersalz

Öl und Paprikapulver zum Servieren

Bohnen in heißem, leicht gesalzenem Wasser garen, abgießen, dabei etwas Kochflüssigkeit auffangen und beiseitestellen. Die Bohnen etwas abkühlen lassen, dann die Häutchen entfernen.

Den Knoblauch grob hacken und mit den Bohnen, den Gewürzen, dem Öl, dem Zitronensaft und der Minze zu einem feinen Püree verarbeiten, mit Salz abschmecken. Den Dip mit etwas Öl und Paprikapulver garniert servieren.

Rote Çarlistonpaprika mit Essig

4 Portionen
Zubereitungszeit 30 Minuten

4 rote Çarlistonpaprika
1 EL Weißweinessig
1 EL Olivenöl
2 TL fein gehackte glatte Petersilie
Meersalz, frisch gemahlener schwarzer Pfeffer

Den Backofen auf 240 °C vorheizen. Die Paprika darin backen, bis die Haut dunkel wird und Blasen wirft. Paprika herausnehmen und unter Frischhaltefolie abkühlen lassen, anschließend die Haut abziehen.

Die Paprika anrichten, Essig und Öl darüberträufeln, mit der Petersilie bestreuen und mit Salz und Pfeffer würzen.

Gefüllte Weinblätter

10 Portionen
Zubereitungszeit 3 Stunden zzgl. Zeit zum Abkühlen

500 g eingelegte Weinblätter
2 Zwiebeln
2 EL Olivenöl
150 g Lammhackfleisch
½ Bd. glatte Petersilie
150 g Langkornreis
2 EL Pinienkerne
2 EL fein gehackter Dill
2 EL fein gehackte Minze
3 EL Zitronensaft
200 g Joghurt

Die eingelegten Weinblätter in eine große Schüssel mit Wasser geben und mit den Händen hin und her bewegen. Die Weinblätter sind sehr salzig und müssen gut gespült werden. Herausnehmen, abtropfen lassen und anschließend gut trocken tupfen.

Die Zwiebel fein hacken, das Öl in einer Pfanne erhitzen und die Zwiebel darin weich dünsten. Das Hackfleisch dazugeben und anbraten. Die Petersilie hacken und mit dem Reis, den Pinienkernen, dem Dill, der Minze und

2 Esslöffeln des Zitronensafts zum Hackfleisch geben. 250 Milliliter Wasser angießen und zum Kochen bringen. Die Hitze reduzieren und etwa 10 Minuten köcheln lassen, bis das Wasser absorbiert und der Reis halb gegart ist. Vom Herd nehmen und abkühlen lassen.

Die Weinblätter mit der glatten Seite nach oben auf eine Arbeitsplatte legen, 1 Esslöffel der Reismischung am Stielende auf das Blatt geben. Die Seiten einschlagen und die Blätter fest aufrollen.

Mit beschädigten oder übrig gebliebenen Blättern den Boden eines schweren Topfes bedecken, darauf sehr eng aneinander die gerollten Weinblätter setzen. 250 Milliliter Wasser über die Weinblätter gießen. Die Weinblätter mit einem Teller beschweren, den Topf verschließen, aufkochen, die Hitze stark reduzieren und die Weinblätter in 1 ½ Stunden die gesamte Flüssigkeit absorbieren lassen. Vom Herd nehmen und zugedeckt 2 Stunden komplett auskühlen lassen.

Den restlichen Zitronensaft mit dem Joghurt vermengen und zu den Weinblättern reichen.

Falafel mit Tomaten

Griechische Fleischbällchen

Falafel mit Tomaten

32 Stück
Zubereitungszeit 1 Stunde 30 Minuten
 zzgl. Zeit zum Kaltstellen

1 Zwiebel
400 g Kichererbsen aus der Dose
¼ Bd. glatte Petersilie
1 Handvoll Koriander
2 TL gemahlener Kreuzkümmel
2 TL gemahlener Koriander
1 EL fein gehackte Zitronenschale
1 TL Salz
40 g Mehl
2 Tomaten
1 EL grob gehackter Koriander
1 EL Olivenöl
Meersalz, frisch gemahlener schwarzer Pfeffer

Erdnussöl zum Ausbacken

Die Zwiebel grob zerteilen und mit den Kichererbsen, den Kräutern und Gewürzen, der Zitronenschale und dem Salz in einem Mixer zu einer grob gehackten Masse verarbeiten. Das Mehl dazugeben und weiter pürieren, bis eine feine Masse entsteht. Die Mischung in eine Schüssel geben und im Kühlschrank 1 Stunde kalt stellen.

Die Tomaten entkernen und fein hacken, mit dem gehackten Koriander und dem Öl vermengen, mit Salz und Pfeffer fein abschmecken. Die Falafelmischung mithilfe von zwei Esslöffeln zu Ovalen formen und im heißen Erdnussöl portionsweise ausbacken. Auf Küchenpapier abtropfen lassen und mit den Tomaten servieren.

Griechische Fleischbällchen

50 Stück
Zubereitungszeit 1 Stunde zzgl. Zeit zum Kaltstellen

1 Zwiebel
2 Knoblauchzehen
1 EL Olivenöl
1 Handvoll glatte Petersilie
1 Handvoll Minze
1 kg Lammhackfleisch
1 Ei
10 g Semmelbrösel
2 EL Zitronensaft
50 g Mehl
Meersalz, frisch gemahlener schwarzer Pfeffer

Olivenöl zum Anbraten
Joghurt zum Servieren

Zwiebel fein hacken, Knoblauch mit einer Gabel zerdrücken, Öl in einer Pfanne erhitzen und Zwiebel und Knoblauch darin weiche dünsten. Vom Herd nehmen und abkühlen lassen.

Petersilie und Minze fein hacken und mit Lammhack in eine Schüssel geben. Die abgekühlte Zwiebelmischung, das Ei, die Semmelbrösel und den Zitronensaft dazugeben, gut miteinander vermengen, mit Salz und Pfeffer abschmecken. Für 1 Stunde im Kühlschrank kalt stellen.

Aus der Mischung insgesamt 50 kleine Bällchen rollen, im Mehl wenden und in heißem Öl rundum bräunen. Mit kaltem Joghurt servieren.

Register

„Die größte Sehenswürdigkeit,
die es gibt, ist die Welt - sieh sie dir an."

(Kurt Tucholsky)

Türkisch kochen
Ghillie Başan

160 S., ISBN 978-3-86528-658-1
€ (D) 19,90 / € (A) 20,50

Libanesisch kochen
Ghillie Başan

160 S., ISBN 978-3-86528-719-9
€ (D) 19,90 / € (A) 20,50

Schätze der indischen Küche
Mridula Baljekar

160 S., ISBN 978-3-86528-732-8
€ (D) 19,90 / € (A) 20,50

– Wissenswertes und Spannendes zu Landschaft, Tradition und Kultur der Länder

– Überblick über die Besonderheiten der jeweiligen Landesküche

– mit inspirierenden Fotografien, die Lust aufs Reisen und Genießen machen

– 80 köstliche und leicht nachkochbare Rezepte

DIE GENUSSVOLLEN SEITEN DES LEBENS

www.umschau-buchverlag.de | info@umschau-buchverlag.de

Für die deutsche Ausgabe:

Übersetzung und Lektorat: Ilka Grunenberg, Neustadt an der Weinstraße

Herstellung: Janine Becker, Neustadt an der Weinstraße

Satz: Gerda Günther, posit.iff, Gelnhausen

Druck: Media-Print, Paderborn

Printed in Germany

ISBN: 978-3-86528-731-1

Bitte besuchen Sie uns im Internet
www.umschau-buchverlag.de

Titel der englischen Originalausgabe: Tapas
© 2009 ACP Magazines Ltd

ACP Books,
a division of ACP Magazines Ltd.
54 Park St, Sydney NSW Australia 2000.
www.acpbooks.com.au

Für die englische Ausgabe:

Redaktion: Susan Tomnay

Creative director: Hieu Chi Nguyen

Art Direktion & Design: Hannah Blackmore

Lektorat: Stephanie Kistner

Food director: Pamela Clark

Rezeptentwicklung: Clara Laboff, Rebecca Squadrito, Louise Patniotis

Produktion: Victoria Jefferys

Fotografie: Ian Wallace

Styling: Louise Pickford

Zubereitung: Amal Webster

Coverfotografie: Louise Lister

Coverlayout: Vicki Liley

ACP Books möchte sich für die Bereitstellung der Fotomuster bedanken:

Alfresco Emporium; Chee Soon & Fitzgerald; Hub Furniture; Mud Australia; Papaya; Teranova Tile Boutique; Thonet Australia; Village Living Pty Ltd.